Mit Kräutern durchs Jahr

Erste Auflage 1995
Einzig berechtigte Übersetzung
aus dem Englischen
von Monika Curths.
Die Originalausgabe erschien
unter dem Titel »The Herbal Yearbook«
bei Colour Library Books Ltd.
Copyright © 1993 Colour Library Books Ltd.
All rights reserved.
Alle deutschsprachigen Rechte beim
Scherz Verlag, Bern, München, Wien.
Alle Rechte der Verbreitung, auch durch Funk,
Fernsehen, fotomechanische Wiedergabe,
Tonträger aller Art und
auszugsweisen Nachdruck
sind vorbehalten.

Zusätzliche Bildquellen

The Garden Picture Library
Clive Boursnell: *S. 72/73, 128/129, 150/151*; Linda Burgess: *S. 9, 36/37, 44/45, 84/85, 136/137*; Brian Carter: *S. 80/81, 82/83, 100/101*; John Glover: *S. 98/99*; Mayer/Le Scanff: *S. 106/107*; Jerry Pavia: *S. 128/129, 144/145*; Stephen Robson: *S. 138/139*; David Russell: *S. 22/23, 140/141, 142/143, 146/147, 148/149*; Brigitte Thomas: *S. 124/125*.

John Glover
S. 32/33, 48/49, 94/95, 132/133.

Jacqui Hurst/Boys Syndication
S. 38/39, 42/43, 50/51, 54/55, 60/61, 62/63, 74/75, 108/109, 124/125, 130/131

The National Trust Photographic Library
Neil Campbell-Sharp: *S. 136/137*; Marianne Majerus: *S. 26/27*; Stephen Robson: *S. 96/97, 120/121*.

Natural Image
Robin Fletcher: *S. 20/21*; Bob Gibbons: *S. 14/15, 16/17, 40/41, 44/45, 46/47, 56/57, 78/79, 102/103, 104/105, 110/111, 134/135, 152/153*; Liz Gibbons: *S. 70/71*.

GILLIAN HASLAM

Mit Kräutern durchs Jahr

Garten und Küche im Einklang mit der Natur

SCHERZ

Ein Kräutergarten

*I*n jedem Garten, ob groß oder klein, auf einem Balkon und selbst in einem Blumenkasten vor dem Fenster ist Platz für einen Kräutergarten. Wenn Sie über viel Platz verfügen, können Sie kunstvollste Anlagen planen im Stil der Französischen Gärten des sechzehnten Jahrhunderts; aber auch auf dem einen oder anderen sonnigen Fensterbrett läßt sich rund um das Jahr ein Vorrat an frischen Kräutern ziehen, um Speisen zu würzen, duftende Potpourris zusammenzustellen, das Badewasser zu parfümieren und willkommene Geschenke zu basteln. Alles, was Sie dafür brauchen, ist ein wenig Vorausplanung.

Wenn Sie sich einen Kräutergarten anlegen, ob im Freiland oder im Blumenkasten, überlegen Sie als erstes, welche Kräuter Sie am liebsten und am häufigsten verwenden. Die beliebtesten Küchenkräuter sind Schnittlauch, Petersilie, Dill, Basilikum, Rosmarin, Thymian, Salbei und Minze. Ist Platz jedoch nur begrenzt vorhanden, wählen Sie Kräuter mit mehreren Verwendungszwecken, zum Beispiel Minze, die sich zum Würzen, Garnieren, zur Herstellung verschiedener Schönheitsmittel und getrocknet für Duftkissen eignet.

Im Idealfall liegen die Kräuterbeete in der Nähe der Küchentür, damit man die zum Kochen benötigten Kräuter rasch zur Hand hat. Eine Alternative sind einige größere Töpfe mit den bevorzugten Kräutern neben der Küchentür. An warmen Sommertagen wird der Kräuterduft auch in die Küche hineinwehen.

Viele Kräuter lohnen sich allein schon wegen ihrer Blüten. Ringelblume und Kapuzinerkresse liefern den ganzen Sommer über eine Fülle goldgelber und orangeroter Blüten.

Einige Kräuter gehören zu den wohlriechendsten Gartenpflanzen, vor allem der so beliebte Lavendel. Pflanzen Sie nicht nur die übliche blaue Sorte, sondern probieren Sie auch die weiß und rosa blühenden Varietäten, die zudem aromatischer duften. Für Blumenkästen eignet sich eine Zwergart. Andere wundervoll duftende Kräuter sind Zitronenmelisse, Bergamotte, verschiedene Minzen und Rosmarin. Versuchen Sie, einen Rasen aus

Feldthymian oder Kamille anzulegen. Wenn Sie beim Darübergehen die Blätter zerdrücken, werden die Kräuter ihren Duft verströmen.

Viele Kräuter haben so schöne Blüten, daß sie als dekoratives Blumenbeet gepflanzt werden können, z. B. als Rabatte im englischen Landhausstil mit Mutterkraut, Seifenkraut, Kamille, Lavendel, Kapuzinerkresse, Ringelblume, Schnittlauch und Borretsch.

Vielleicht wollen Sie Kräuter entsprechend ihrer Blütenfarben gruppieren. Die folgenden Pflanzen blühen in ähnlichen Farben:

Gelb: Rainfarn, Mutterkraut, Kamille, Schafgarbe
Weiß: Waldmeister, Zwiebelschnittlauch, einige Minzen, Lavendel
Rosa: Schnittlauch, einige Minzen, Lavendel, Rosmarin
Blau: Borretsch, Lavendel
Rot: Indianernessel, Opalbasilikum
Orange: Kapuzinerkresse, Ringelblume

Wichtig bei der Planung eines Kräuterbeets ist vor allem die Höhe der Pflanzen. Einen guten Hintergrund bilden höher wachsende Pflanzen wie Lorbeer, Rosmarin, Rainfarn, Salbei, Liebstöckel und Dill. In die Beetmitte passen mittelhohe Gewächse wie Lavendel, Minzen und Estragon. Niedrige und bodendeckende Kräuter wie Schnittlauch und Thymian gehören an den vorderen Beetrand.

Frisches Grün im Winter ist eine Wohltat für Körper und Seele. Pflanzen Sie deshalb etliche Kräuter, deren frische Blätter sich während der Wintermonate zum Würzen oder als Salat verwenden lassen; ideal sind Winterbohnenkraut, Rosmarin, Lorbeer, Bibernelle und Sauerampfer. Sie können auch das Wachstum einiger Kräuter verlängern, indem Sie sie in Töpfe pflanzen und vor dem ersten Frost ins Gewächshaus oder den Wintergarten bringen.

Bevor Sie Ihren Kräutergarten anpflanzen, muß der Boden vorbereitet werden. Graben Sie im Herbst gründlich um: Der Frost wird die Schollen zerkleinern, und Sie bekommen einen lockeren, gut drainierten Boden. Im Frühjahr düngen Sie mit Kompost oder Volldünger. Wenn Sie die nötige Geduld aufbringen, kaufen Sie Kräutersamen und ziehen Sie Ihre Setzlinge selbst. Andernfalls findet man in einem Gartencenter oder einer guten Gärtnerei ein umfangreiches Angebot an Kräuterpflanzen einschließlich der etwas ungewöhnlicheren Sorten. Setzen Sie die Pflanzen nicht zu eng – viele Kräuter sind breit wachsende Pflanzen und brauchen Platz, um zu gedeihen.

Ein Kräutergarten kann ein Ort der Ruhe werden, an den Sie sich nach einem hektischen Tag gern zurückziehen. Viele Kräuter verströmen ihren Duft in den Abendstunden, und wo gäbe es dann einen besseren Platz, um zu entspannen und auszuruhen?

Die Kräutersprache

Seit undenklichen Zeiten haben Pflanzen ihre je eigene Bedeutung und ganz besonders Blumen und Kräuter. In früheren Jahrhunderten war es Brauch, sich in Form von Bouquets oder kleinen Sträußen geheime Botschaften zu schicken, die Liebe und Freundschaft ausdrückten. Ein Sträußchen aus Thymian, Minze und Sauerklee zum Beispiel war ein beredtes Zeichen der Zuneigung.

Basilikum	gute Wünsche, Liebe
Beifuß	häusliche Tugend, Klugheit
Bohnenkraut	Liebe
Eberraute	Necken, scherzen
Eisenkraut	Vertrauen
Fenchel	Kraft und Stärke
Gartensalbei	Wertschätzung
Holunder	Eifer, Hingabe
Hopfen	Unrecht
Kamille	Kraft im Unglück, Unternehmungsgeist
Kapuzinerkresse	Patriotismus, Optimismus, Großartigkeit
Koriander	stille Anerkennung
Lavendel	Mißtrauen; Angenehmes wünschen
Lorbeer	für besondere Verdienste
Majoran	Scham
Melisse	Sympathie
Minze	Tugend; Gefühlswärme
Petersilie	Festtagsfreude; nützliche Kenntnis
Pfefferminze	Herzlichkeit
Poleiminze	aus dem Weg gehen
Rauke	Betrug
Ringelblume	Verzweiflung, Kummer; Redlichkeit
Rosmarin	Erinnerung; Deine Anwesenheit läßt mich aufleben
Sauerklee	Zuneigung
Schlüsselblume	Nachdenklichkeit, Glück
Thymian	Tatkraft; Zuneigung
Ysop	Reinlichkeit

Kräuter ernten und trocknen

Früher, als es noch keine moderne Landwirtschaft gab und keine Obst- und Gemüseimporte im heutigen Stil, war das Trocknen von Kräutern eine der wenigen Möglichkeiten, einen Hauch von Sommer in die Wintermonate hinüberzuretten. Getrocknete Kräuter können in der Küche verwendet werden, als Füllung für Duftkissen und Kräuterpotpourris, als Tee und heilsame Aufgüsse.

Die meisten Kräuter sollten in der ersten Zeit der Blüte geerntet werden und bevor sich Samen bilden, denn dann sind sie am reichhaltigsten. Pflücken Sie die Kräuter morgens, sobald der Tau verdunstet ist und bevor sie in der Wärme des Tages zu welken beginnen. Entfernen Sie alte und verfärbte Blätter.

Kräuter sollen möglichst schnell, jedoch nie in der Sonne getrocknet werden, damit sie Aroma und Farbe behalten. Es gibt verschiedene Möglichkeiten zum Trocknen. Man kann die Blätter einzeln auf Tabletts legen und mit Küchenpapier bedeckt an einem warmen, luftigen Platz ohne direkte Sonneneinstrahlung trocknen lassen. Oder man trocknet sie im Backofen auf niedrigster Einstellungsstufe, wobei man regelmäßig nachsehen sollte, damit die Blätter nicht verbrennen.

Will man Kräuter auf hübsche, traditionelle Weise trocknen, pflückt man sie mit möglichst langen Stielen, entfernt die unteren Blätter und bindet sie zu Sträußen, die man mit der Oberseite nach unten an einem warmen Ort, zum Beispiel über dem Herd, zum Trocknen aufhängt. Sobald die Blätter trocken sind, streift man sie von den Stielen ab, füllt sie in Schraubdeckelgläser oder Stoffbeutel und bewahrt sie an einem dunklen Ort auf. Zerkrümeln Sie die Blätter erst, wenn Sie sie verwenden wollen, damit sie nicht vorzeitig das Aroma verlieren.

Am schnellsten trocknet man Kräuter im Mikrowellenherd. Streifen Sie die Blätter von den Stengeln und verteilen Sie eine Schicht Blätter auf Küchenpapier. Stellen Sie den Herd für eine Minute auf Höchststufe, dann drehen Sie die Blätter um und dörren sie weitere ein bis eineinhalb Minuten.

Frische Kräuter können auch eingefroren werden, obwohl die meisten Kräuter beim Auftauen matt werden. Die gewaschenen und gründlich abgetrockneten Kräuter werden zu kleinen Sträußen gebündelt und kommen in luftdicht verschlossenen Gefrierbeuteln ins Gefrierfach. Die tiefgefrorenen Bündel können später unmittelbar an die Speisen gegeben werden. Kräuter wie Petersilie lassen sich in gefrorenem Zustand zerkleinern.

Um Kräuterblumen zu trocknen, muß man schon beim Pflücken sehr vorsichtig sein, um die Blütenblätter nicht zu beschädigen. Wählen Sie Blüten mit langen Stielen, und hängen Sie die Sträuße umgekehrt an einen warmen Ort. Kurzstielige Blumen legen Sie auf einen Drahtrost, damit die Luft ringsum zirkulieren kann, und lassen sie an einem warmen Ort trocknen.

Zum Trocknen von Kräutersamen schneiden Sie die Samenkapseln von der Pflanze ab, sobald sie braun werden. Füllen Sie die Kapseln in große Papiertüten und lassen Sie sie in einem warmen Raum trocknen. Nach einiger Zeit fallen die getrockneten Samen aus den Hülsen auf den Boden der Tüte. Lagern Sie die Samen in Gläsern und geschützt vor direktem Sonnenlicht.

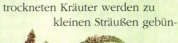

Borretsch

*B*orretsch (Borago officinalis) *ist eines der hübschesten Kräuter mit seinen vielen himmelblauen oder rosa Blütensternen und einem sich deutlich abhebenden schwarzen Mittelpunkt. Die Pflanze ist einjährig und entwickelt sich rasch aus dem Samen zu einer bis zu 75 cm hohen, sich ausbreitenden Pflanze. Achten Sie deshalb beim Pflanzen darauf, daß sie genügend Platz hat. Wegen seiner langen Pfahlwurzel eignet sich Borretsch nicht für Pflanzgefäße. Man läßt Borretsch entweder stehen, damit er sich selbst aussät, oder sät im Frühjahr und Herbst frisch aus.*

Obwohl sich Borretsch schlecht umsetzen läßt, gedeiht er an einem sonnigen Standort auf kargem oder sandigem Boden. Er ist ziemlich robust und blüht viele Monate lang so ziemlich bei jedem Wetter. Die jungen, rauhhaarigen Blätter enthalten viel Vitamin C und können wie Spinat gekocht werden.

Blätter und Blüten des Borretsch riechen und schmecken intensiv nach Gurke. Deshalb gibt man die Blüten und die fein gehackten Blätter gern an Salat, geeiste Getränke, Obst- oder Weinbowlen.

Januar

1

2

3

Im Mittelalter hielt man Borretsch für ein Kraut, das mutig macht. Die Kreuzfahrer tranken angeblich Wein mit Borretschsaft, bevor sie sich in die Schlacht stürzten.

4

5

«Von Borretschzweiglein weiß man, daß sie den Hypochonder beleben und den angestrengt Lernenden aufmuntern.»

John Evelyn, spätes 17. Jahrhundert

6

7

Kräutereisschale

Eine Eisschale ist ein mit Sicherheit viel bewunderter Tischschmuck. Sie ist leicht herzustellen und kann mit Obstsalat, Speiseeis, Sorbets oder Kaltschale gefüllt werden. Die abgebildete Eisschale wurde mit Kapuzinerkresse, Minze, Borretsch- und Kamilleblüten verziert. Stellen Sie die Eisschale auf einen großen Teller, der das Schmelzwasser auffangen kann.

1 Sie brauchen zwei gefrierfeste Schüsseln, die ineinandergestellt einen 2,5 cm breiten Zwischenraum bilden. Die größere Schüssel wird 4 cm hoch mit Wasser und einer Handvoll Kräutern gefüllt und ins Gefrierfach gestellt. Achten Sie darauf, daß sie eben steht.

2 Auf die Eisschicht stellen Sie dann die kleinere Schüssel, die Sie mit etwas beschweren. Der Zwischenraum wird mit kaltem Wasser aufgefüllt. Weitere Blüten und Blätter kommen hinzu, die von Wasser bedeckt sein sollten, damit sie die Schalenseiten verzieren. Dann lassen Sie das Ganze gefrieren.

3 Die kleinere Schüssel mit einem feuchtheißen Tuch auswischen und durch vorsichtiges Drehen lösen. Die größere Schüssel wird in lauwarmes Wasser getaucht und ebenfalls vorsichtig gedreht. Die fertige Eisschale kommt bis zur Verwendung ins Gefrierfach.

Borretsch-Gesichtsmaske

Diese Gesichtsmaske ist eine Wohltat für trockene Haut. Eine Handvoll sauberer junger Blätter und ein Eßlöffel Wasser pürieren und mit so viel Sauerrahm vermischen, daß eine Paste entsteht. Auf die gereinigte Haut auftragen. 15 Minuten entspannen. Anschließend abwaschen.

Pfefferminze

Pfefferminze (Mentha piperita) *ist eine Kreuzung zwischen Grüner Minze und Wasserminze. Sie hat dunkelrote Stiele, rotgrüne längliche Blätter und kleine violette Blüten. Von allen Minzenarten hat sie den schärfsten Geruch und Geschmack. Sie wird wegen ihres reichen Mentholgehalts für medizinische und kosmetische Zwecke, z. B. für die Herstellung von Zahnpasta, angebaut und dient zum Würzen von Süßwaren und Likören. Ihre Blätter ergeben einen erfrischenden Tee. Die ölige Essenz, die sie enthält, ist eines der wichtigsten ätherischen Öle.*

Pfefferminze gedeiht in mildem, feuchten Klima und bevorzugt einen lockeren, gut drainierten Boden. Sie ist ziemlich widerstandsfähig gegen Schädlinge, kann jedoch von Raupen und Heuschrecken angefressen werden.

Pfefferminztee

Pfefferminze ergibt einen erfrischenden Tee, der auch die Verdauung anregt. Für eine Kanne gießen Sie drei Teelöffel frische, zerkleinerte Blätter mit kochendem Wasser auf. Lassen Sie den Tee drei bis vier Minuten ziehen und süßen Sie ihn, wenn nötig, mit einem Teelöffel Honig.

Pfefferminzmilch ist ein guter Schlaftrunk. Dazu übergießt man drei Teelöffel zerkleinerte Pfefferminzblätter mit einem Viertelliter kochender Milch.

Januar

8

9

10

Ratten verabscheuen Pfefferminze.
Um Ratten aus einem Gebäude zu verjagen, verstopfen die Rattenfänger die Schlupflöcher der Nager mit Lappen, die sie in Pfefferminzöl getränkt haben.

11

12

13

14

Kräutergelees

Ergibt ungefähr 500 g

Kräutergelees sind eine ungemein nützliche Ergänzung der Speisekammer und willkommene Geschenke. Dekorieren Sie den Gefäßdeckel mit einem runden, hübsch gemusterten Stoffstück. Salbeigelee paßt gut zu gebratenem Wild, Rosmaringelee zu Schinken und Minzengelee zu Lammbraten. Achten Sie darauf, daß die Gläser sauber und vorgewärmt sind, bevor Sie das Gelee einfüllen.

1,5 bis 2 kg Kochäpfel waschen und vierteln
Granulierter oder Einmachzucker
Saft einer Zitrone
Frische, gehackte Kräuter (wie Rosmarin, Minze, Schnittlauch, Salbei, Thymian)
Grüne Lebensmittelfarbe (nach Wahl)

1 Geben Sie die Äpfel in einen großen Topf mit so viel Wasser, daß sie bedeckt sind. Langsam zum Kochen bringen und unter mehrmaligem Umrühren eine Stunde köcheln lassen.

2 Ein Musselintuch über eine große Schüssel spannen und die etwas abgekühlte Apfelmasse in das Tuch gießen. Mehrere Stunden abtropfen lassen. Der Saft darf nicht aus dem Tuch gepreßt werden, weil das Gelee sonst trüb wird.

3 Saft abmessen und in einem großen Topf zum Kochen bringen. Für ½ l Saft brauchen Sie 375 g Zucker. Den Zucker bei mittlerer Hitze einrühren, bis er sich auflöst.

4 Erhitzen Sie das Gelee auf 105° C; dann geben Sie den Zitronensaft dazu und nehmen den Topf vom Feuer. Wenn Sie das Gelee grün färben wollen, fügen Sie einige Tropfen Lebensmittelfarbe hinzu.

5 Gelee in vorgewärmte, trockene Gläser gießen und Kräuter Ihrer Wahl einrühren. Das Gelee wird rasch fest, deshalb empfiehlt es sich, rasch zu arbeiten. Gläser verschließen und beschriften.

Zucchini-Pfefferminz-Suppe

Ergibt 4 Portionen

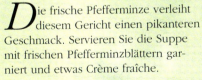

Die frische Pfefferminze verleiht diesem Gericht einen pikanteren Geschmack. Servieren Sie die Suppe mit frischen Pfefferminzblättern garniert und etwas Crème fraîche.

1 El Öl
1 mittelgroße Zwiebel, fein gehackt
1 kleine Knoblauchzehe, zerdrückt
2 mittelgroße Kartoffeln, gewürfelt
700 g in dünne Scheiben geschnittene Zucchini
Salz und frisch gemahlener schwarzer Pfeffer, 1,2 l heiße Geflügelbrühe
2 Eier, 1 El geriebener Parmesan
1 El gehackte frische Pfefferminze
1 Prise Muskat

1 Öl, Zwiebel und Knoblauch in einer großen Mikrowellenschüssel ohne Deckel auf HOCH 2 bis 3 Minuten anschwitzen. Kartoffeln dazugeben und auf gleicher Stufe 2 Minuten kochen. Zucchini unterrühren und weitere 3 bis 4 Minuten kochen.

2 Geben Sie Brühe, Salz und Pfeffer dazu und kochen Sie das Ganze auf HOCH 5 bis 15 Minuten, bis die Gemüse gar sind. Die Suppe pürieren.

3 Eier mit Käse, Pfefferminze und Muskat verschlagen und unter ständigem Rühren an die Suppe geben. Die Suppe noch einmal auf HOCH 3 bis 5 Minuten erhitzen; dabei einmal umrühren.

Majoran

Majoran ist ein süß duftendes, buschig wachsendes Kraut mit winzigen Blättern und rosa Blüten, das oft in der mediterranen Küche verwendet wird. Der Küchenmajoran (Origanum onites) ist eine winterfeste Pflanze, die auch in kühlerem Klima gedeiht. Er hat ein kräftiges Aroma und wird für viele Gerichte aus Griechenland verwendet, wo er auch wild vorkommt.

Der Gartenmajoran (Origanum majorana) wird viel in der französischen Küche verwendet. Sein Aroma ist feiner und sollte deshalb nach dem

Kochen an die Speisen gegeben werden. Origanum vulgare kennen wir als Oregano oder Wilden Majoran. Er schmeckt am kräftigsten und wird in der italienischen Küche verwendet.

Januar

15

16

»Dort wächst am Zaune schöner Majoran,
Davon stibitz ich etwa dir ein Händchen.«

Weh dem, der lügt!
Franz Grillparzer

17

18

Getrockneter und geriebener Majoran
wurde früher geschnupft.

19

20

Im Volksmund heißt es, wenn man Majoran
und wilden Thymian in die Milchkammer legt,
wird die Milch bei Gewitter nicht sauer.

21

Schwertfisch-Kebab

Ergibt 4 bis 5 Portionen

Schwertfisch ist einer der häufigsten Fangfische im Mittelmeerraum. Sein festes Fleisch zerfällt nicht beim Kochen – was für die Zubereitung von Kebab wichtig ist. Statt Schwertfisch kann auch frischer Thunfisch verwendet werden. Servieren Sie die Fischspieße mit Reis und grünem Salat.

1 kg Schwertfischsteaks
6 El Olivenöl
1 Tl gehackter Oregano
1 Tl gehackter Majoran
Saft und Schale einer halben Zitrone
Cocktail-Tomaten
2 Zitronen, in Scheiben geschnitten
Salz, frisch gemahlener schwarzer Pfeffer, Petersilie zum Garnieren

1 Die Schwertfischsteaks in 5 cm dicke Würfel schneiden.

2 Öl, Kräuter, Zitronensaft und das Abgeriebene der Zitronenschale vermischen und beiseite stellen. Abwechselnd Fischwürfel, Tomaten und Zitronenscheiben auf die Spieße stecken.

3 Die Spieße mit der Öl-Zitronen-Kräuter-Marinade bestreichen und unter gelegentlichem Wenden und häufigem Bestreichen mit Würztunke unter dem vorgeheizten Grill ca. 10 Minuten grillen. Mit Petersilie garniert servieren.

Die perfekte Pizza

Die Pizza stammt aus Neapel, wo sie seit Hunderten von Jahren zur täglichen Kost gehört. Heute ist sie auf der ganzen Welt verbreitet, und viele Restaurants belegen den Pizzateig nach ihren speziellen Rezepten. Häufig sind jedoch die einfachsten Zusammenstellungen die besten, denn zu viele verschiedene Zutaten bringen sich gegenseitig um den Geschmack.

Einer der ältesten und italienischsten Pizzabeläge ist eine Mischung aus Olivenöl, Tomaten, Salz, Pfeffer, zerdrücktem Knoblauch und darüber gestreut eine reichliche Portion Oregano.

> Majoranöl soll bei Zahnschmerzen helfen. Für nur einen halben Liter Öl werden 100 kg Majoran benötigt. Kräuter, aus denen man Öl gewinnen will, sollten zu Beginn ihrer Blüte geerntet werden.

Poleminze

Poleiminze (Mentha pulegium) ist keine buschige Pflanze wie die anderen Minzen, sondern ein niedriges, fast winterhartes Kriechgewächs und deshalb ein idealer Bodendecker. Sie wächst auf jedem Boden, hat es aber gern etwas feucht. Ihre mauvefarbenen Blütenquirle stehen in den Blattachseln stockwerkartig übereinander. Für Behälter am Fenster ist sie von allen Minzen am besten geeignet, weil sie nicht allzu viel Platz braucht. Wegen ihres kräftigen Aromas sollte sie in der Küche nur sparsam verwendet werden.

Poleiminze hilft gegen Kopfschmerzen. In einem alten Kräuterheilbuch ist zu lesen: «Ein Kranz aus Poleiminze um den Kopf getragen wirkt bei Schwindelgefühl und der daher rührenden Schmerzen und Übelkeit.»

Poleiminzen-Potpourri

Getrocknete Poleiminze eignet sich hervorragend für Potpourris. Mit Lavendel vermischt, dessen Duft gut zu dem der Minze paßt, bekommt man eine grün- und mauvefarbene Mischung. Ist der Duft nicht stark genug oder beginnt er nachzulassen, fügen Sie einige Tropfen reines Lavendelöl hinzu.

Januar

22

23

24

Früher wurde Poleiminze in Töpfen gezogen und auf lange Seereisen mitgenommen. Die Seeleute benutzten sie zum Reinigen der Trinkwassergefäße.

25

26

27

28

Poleiminze als Zimmerpflanze vertreibt Mücken und Flöhe.

Erbsensuppe mit Minze

Ergibt 6 bis 8 Portionen

Mit einer frischen Baguette serviert ist dies eine ideale Mittags- oder Abendmahlzeit. Statt Minze können Sie auch andere frische Kräuter wie Majoran, Kerbel oder Thymian verwenden.

200 g getrocknete halbierte Erbsen
600 g tiefgefrorene Erbsen
100 g frische Minzenblätter
150 g zerlassene Butter oder Margarine
1 Prise Salz und Pfeffer
Minzenzweiglein zum Garnieren

1 Die getrockneten Erbsen mit 2 l kaltem Wasser in einen Topf geben. Zugedeckt ca. 40 Minuten kochen, bis sie sehr weich sind.

2 Die Erbsen abseihen und das Kochwasser aufbewahren.

3 In das Kochwasser geben Sie die tiefgefrorenen Erbsen und die gehackten Minzenblätter und bringen das Ganze zugedeckt zum Kochen.

4 Inzwischen die zerlassene Butter oder Margarine unter die abgesiehten Erbsen mischen und die Masse durch ein Sieb streichen. Das Püree in die Suppe rühren. Mit Salz und Pfeffer abschmecken und mit Minzenzweiglein garniert servieren.

Kräutercroûtons

Croûtons eignen sich gut zum Garnieren von Salaten und Suppen. Bewahren Sie sie in einer luftdichten Dose auf, damit sie frisch bleiben. Für Kräutercroûtons mit Knoblauchgeschmack etwas Knoblauch in die Pfanne geben.

1 1 bis 2 Tage altes Weißbrot würfeln oder in kleine Rauten schneiden.

2 Mit gleich viel Butter und Öl in einer Pfanne goldgelb rösten.

3 Fein gehackte frische Kräuter in eine Papiertüte füllen, die noch heißen Croûtons dazugeben und schütteln, bis sie mit Kräutern bedeckt sind.

Kamille

Januar

29

30

31

*K*amille (Matricaria chamomilla) *ist eine einjährige Pflanze mit duftenden gelben und weißen Blüten. Sie ist leicht aus Samen zu ziehen, die im Frühjahr ausgesät werden. Läßt man die Blüten stehen, sät sich die Pflanze selbst aus und wächst nächstes Jahr wieder. Kamille bevorzugt einen trockenen, sonnigen Ort und lockeren Boden; sie gedeiht auch in Pflanzgefäßen.*

Kamille hat viele medizinische und kosmetische Eigenschaften. Im alten Ägypten wurde sie wegen ihrer Heilkräfte verehrt und den Göttern geweiht. Ein Kamillenblütenaufguß eignet sich gut als Spülung für blondes Haar und kann u.a. als Mundspülung und Augenbad verwendet werden. Das Öl der Kamille wird weitgehend in der pharmazeutischen Industrie verarbeitet.

Zur selben Pflanzenfamilie gehört die duftende Römische Hundskamille (Anthemis nobilis), *eine Zwergart, die man für einen Kamille-Rasen verwenden kann.*

Kamillentee

*K*amillentee wirkt beruhigend auf Magen und Darm und hilft bei Schlafstörungen. Er hat einen leicht bitteren Geschmack und ein zartes Aroma. Lassen Sie ihn drei oder vier Minuten ziehen und süßen Sie ihn, wenn nötig, mit einem Teelöffel Honig.

Färben mit Kamille und Ringelblume

Getrocknete Kamillen- und Ringelblumenblätter können zum Färben von Naturfasern wie Wolle oder Wollstoff verwendet werden. Sie ergeben freundliche cremefarbene und gelbe Pastelltöne. Bei der Verwendung von Kamillenblüten benötigen Sie dasselbe Gewicht an Blumen wie das des zu färbenden Materials; bei Ringelblumen ist es die doppelte Menge.

Zum Färben brauchen Sie:

450 g getrocknete Kamillenblüten oder 900 g Ringelblumenblüten
450 g saubere Schafwolle oder Baumwollstoff
75 g Alaun (Kaliumaluminiumsulfat)
25 g Weinstein
Einen großen Topf, emailliert oder aus rostfreiem Stahl

1 Alaun und Weinstein in genügend Wasser auflösen, damit der Stoff nachher ganz bedeckt ist. Den Stoff in das erwärmte Wasser legen und langsam zum Kochen bringen.

2 Hitze reduzieren und 45 Minuten sieden lassen. Bei diesem Vorgang wird die natürliche Farbe, die bereits im Gewebe ist, fixiert.

3 Das Färbegut aus dem Topf nehmen und abtropfen lassen. Die Beize wegschütten.

4 Blüten in den Topf geben und ungefähr 4,5 l kaltes Wasser aufgießen. Zum Kochen bringen und 1 Stunde sieden lassen.

5 Die Blüten abseihen und die fixierte Wolle oder den Stoff in die Färbeflüssigkeit geben. Zum Kochen bringen, 1 Stunde sieden lassen oder so lange, bis die gewünschte Farbe erreicht ist. Je länger das Material kocht, um so mehr Farbe nimmt es an.

6 Stoff oder Wolle aus dem Topf nehmen, in kaltem Wasser spülen und zum Trocknen aufhängen. Handwäsche ist ratsam für den Fall, daß die Farbe ausgeht.

Kamillendampfbad

Gesichtsdampfbäder beleben matte oder müde Haut; für besonders trockene Haut sind sie jedoch nicht zu empfehlen. Reinigen Sie Ihr Gesicht zuvor gründlich. Geben Sie eine Handvoll Kamillenblüten in eine Schüssel mit kochendem Wasser. Halten Sie das Gesicht in einem Abstand von etwa 30 cm darüber, und legen Sie sich ein Handtuch über den Kopf, um den Dampf einzufangen. Bleiben Sie so ungefähr 10 Minuten, dann erfrischen Sie die Haut mit einem sauberen, feuchten Tuch.

Februar

Engelwurz

Februar

1

Engelwurz hilft angeblich gegen böse Geister und Hexerei. Auch die Pest glaubte man mit ihr abwehren zu können, so daß sie in manchen Gegenden fast ausgerottet war.

2

3

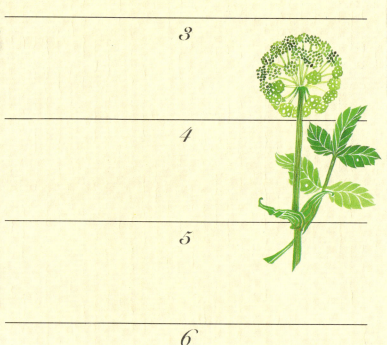

4

5

6

Nach einer Sage erhielt die Engelwurz ihren Namen vom Erzengel Raphael, der sie den Menschen wegen ihrer Heilkräfte empfahl.

7

*E*ngelwurz (Angelica archangelica) ist eine große zweijährige Staude mit glänzenden grünen, aus jeweils drei Teilblättern zusammengesetzten Blättern und gelblichgrünen Blütendolden. Sie wächst bis zu 2 m hoch, sät sich selbst aus, ist winterhart und blüht von Mittsommer an. Sie gedeiht in kühlerem Klima auf nährstoffreichem Boden im Halbschatten.

Heute kennt man Engelwurz am besten in ihrer kandierten Form als Kuchen- und Dessertdekoration, die aus den hellgrünen Stengeln hergestellt wird. Früher wurden alle Teile der Pflanze verwendet. Die süßen Blätter können an Kompotte oder Obstdesserts gegeben oder getrocknet für Entspannungstees verwendet werden. Die Blattstiele verlieren mit Stachelbeeren oder Rhabarber gekocht ihre Säure. Wurzeln und Stengel können als Gemüse zubereitet werden.

Engelwurz schmeckt ähnlich wie Wacholder. Mit den ätherischen Ölen der Pflanze werden Gin und Liköre aromatisiert.

Schlafkissen in Petitpoint-Stickerei

Dieses gestickte Kissen ist mit einer Kräutermischung gefüllt, die schlaffördernde Eigenschaften besitzt. Sie können das Kissen so groß oder so klein machen, wie Sie wollen, indem Sie einfach die Borte um das Kapuzinermotiv vergrößern oder verkleinern.

Dazu brauchen Sie:

Doppelfädiger Stramin mit Webdichte 10
Stickwolle in verschiedenen Tönen von Rot, Orange, Gelb und Grün
Stumpfe Sticknadel
Kreppband
Stoff für Kissenrückseite
Füllmaterial zum Polstern
Einen Rest Musselin
Getrocknete Kräuter wie Hopfen, Lavendel, Minze

1 Straminkanten mit Kreppband einfassen, damit sie nicht ausfransen.

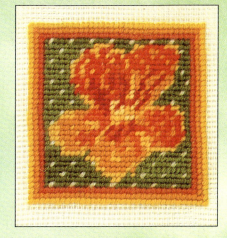

2 Mitte kennzeichnen und den inneren roten Rand sticken, der hier je Seite aus 31 Stichen besteht. Arbeiten Sie mit Gobelinstichen und einfachem Faden. Wenn Sie mit einer neuen Farbe beginnen, lassen Sie auf der linken Seite ein 2,5 cm langes Fadenende überstehen, das Sie unter den ersten Stichen befestigen.

3 Sticken Sie die Blüte nach der nebenstehenden Vorlage. Arbeiten Sie mit ca. 25 cm langem Faden, und führen Sie den Faden auf der Rückseite nicht lose über größere Abstände. Wenn die Kapuzinerblüte fertig ist, füllen Sie den grünen, cremefarben gepunkteten Hintergrund aus.

4 Sticken Sie die gelben und orangen Ränder und anschließend den übrigen Hintergrund und die Kante.

5 Kreppband entfernen. Stoff für die Kissenrückseite und Stramin rechts auf rechts aufeinanderlegen und auf drei Seiten zusammennähen.

6 Das Kissen wenden. Aus dem Musselinrest ein Säckchen nähen, das Sie mit der Kräutermischung füllen und mit dem Füllmaterial in das Kissen legen.

7 Schließen Sie die Kissenhülle mit farblich passendem Faden und kleinen, sauberen Stichen.

Kandierte Engelwurz

Die hellgrüne kandierte Engelwurz ist ideal geeignet zum Verzieren von Kuchen, Torten und als Zutat für köstliche Früchtekuchen.

1 Junge, schlanke Engelwurzstengel in 6 cm lange Stücke schneiden, waschen und in kochendem Wasser weich kochen. Abtropfen lassen und eventuell zähe Außenhaut abschälen.

2 Die gekochte Engelwurz wiegen und mit der gleichen Menge Kristallzucker schichtweise in eine Schüssel geben. Ein bis zwei Tage zugedeckt stehenlassen, bis der Zucker flüssig ist.

3 Das Ganze in einen Topf füllen und langsam erhitzen, bis die Flüssigkeit nahezu verdampft ist.

4 Die Engelwurz herausnehmen und auf ein Drahtgitter legen. Mehrere Tage an einen warmen Ort trocknen lassen. In luftdichtem Behälter aufbewahren.

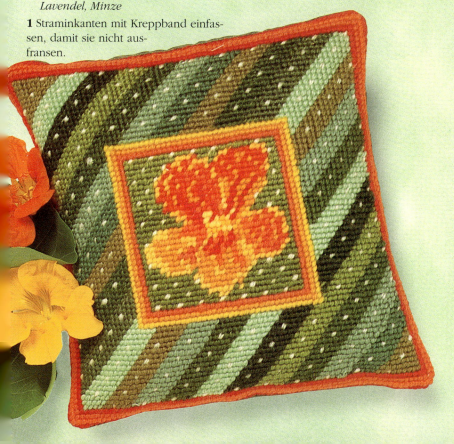

Waldmeister

Februar

8

9

Ein Duftkissen mit getrocknetem Waldmeister im Wäscheschrank hält Insekten fern.

10

11

Schnupftabak erhält durch pulverisierte Waldmeisterblätter einen angenehmen Duft.

12

13

14

Waldmeister (Asperula odorata) ist ein zartes Kraut, das in Wäldern und an schattigen Heckenrändern zu finden ist. Es blüht im Frühsommer und ist an den kleinen weißen Blüten und den schmalen, sternförmig angeordneten Blättern leicht zu erkennen. Es wird kaum höher als 20 cm.

Waldmeister wird selten angebaut, denn gewöhnlich sät er sich selbst aus. Die Samen bilden kleine behaarte Kugeln, die am Pelz oder Federkleid der Tiere haften und auf diese Weise verbreitet werden. Früher wurde er oft für pharmazeutische Zwecke verwendet, weil sein Duft den unangenehmen Geruch anderer Chemikalien überdecken konnte. Im Mittelalter fand Waldmeister häufig Verwendung in der Kräutermedizin. Er diente zur Behandlung von Leberkrankheiten, und die zerstoßenen frischen Blätter förderten angeblich die Wundheilung.

Für die Maibowle gibt man etliche Zweiglein in eine Mischung aus Weißwein und Sekt.

Pfannengemüse mit Kräutern

Ergibt 6 Portionen

Dieses knackige, mit Kräutern gewürzte Gemüse ist eine ideale Beilage zu Fleischgerichten und kann auch kalt als Salat serviert werden.

4 Stangen Sellerie
4 mittelgroße Zucchini
2 rote entkernte Paprika
3 bis 4 El Öl
Salz und Pfeffer
1 Tl frischer Oregano oder Majoran, gehackt
4 El Schnittlauchröllchen

1 Sellerie diagonal in 1,25 cm dicke Stücke schneiden.

2 Zucchini der Länge nach halbieren und in 1,25 cm dicke Scheiben schneiden.

3 Paprika in Streifen und dann diagonal in 2,5 cm dicke Stücke schneiden.

4 Öl in einer Bratpfanne bei mittlerer Hitze erhitzen. Sellerie dazugeben und unter ständigem Wenden braten, bis sie zart sind.

5 Zucchini und Paprika zugeben und unter ständigem Rühren braten, bis das Gemüse weich, aber noch knackig ist.

6 Mit Salz, Pfeffer, Oregano oder Majoran würzen und weitere 30 Sekunden kochen. Schnittlauch daruntermischen und servieren.

Paprikawürzgemüse

Ergibt 1 Liter

Bereiten Sie dieses pikante Würzgemüse aus verschiedenfarbenen Paprika. Man serviert es zu Käse-, Eier- und Fleischgerichten. Es paßt aber auch zu Fisch und Schalentieren.

1,5 kg entkernte Paprika
2 mittelgroße, fein gehackte Zwiebeln
½ Tl Oregano
½ Tl Koriander
2 Lorbeerblätter
Salz nach Geschmack
450 g granulierter oder Einmachzucker
4,3 dl Weißweinessig oder destillierter weißer Essig

1 Die Paprika in kleine Würfel schneiden und mit den Zwiebeln in eine große Kasserolle geben.

2 Mit kochendem Wasser bedecken und erneut zum Kochen bringen. Zehn Minuten kräftig kochen und gut abtropfen lassen.

3 Zucker und Essig in einem großen Topf vermischen und unter gelegentlichem Umrühren langsam zum Kochen bringen, damit sich der Zucker auflöst.

4 Die abgetropften Paprika mit den Zwiebeln und den Kräutern in die Essig-Zucker-Lösung geben und 15 Minuten kochen. Anschließend 30 Minuten köcheln lassen.

5 Die Gläser in kochendem Wasser sterilisieren und abtropfen lassen.

6 Lorbeer entfernen. Gemüse in die warmen Gläser füllen und verschließen.

Purpursalbei

*P*urpursalbei (Salvia purpurascens) ist dem üblichen grünen Salbei sehr ähnlich. Es gibt diese Varietät verschieden gefärbt, von grünen Blättern mit purpurfarbener Unterseite bis zu einer dunklen, fast schwarzen Sorte. Obwohl im Mittelmeerraum heimisch, wo Salbei häufig in der Küche verwendet wird, ist er nahezu winterhart. Die oft recht buschige Staude wird ungefähr 30 cm hoch. Sie riecht würzig und hat im Spätsommer lilafarbene Blüten.

Der botanische Name stammt von dem lateinischen Wort *salvere, zu* deutsch «retten», und bezieht sich auf die vielen medizinischen Eigenschaften der Pflanze. Sie dient zum Gurgeln bei Halsentzündungen und wundem Zahnfleisch. Früher behandelte man mit Salbei so gut wie alles, vom Typhus bis zu Leberbeschwerden, Masern, Geschwüren und Schlafsucht.

Februar

15

Die Zähne mit frischen Salbeiblättern abreiben reinigt die Zähne und kräftigt das Zahnfleisch.

16

17

Bei Asthma rauchte man früher getrocknete Salbeiblätter in der Pfeife.

18

19

20

21

In Südengland aß man früher während einer Fastenkur, die gegen Gicht helfen sollte, neun Tage nacheinander jeden Morgen Salbeiblätter.

Seebarbe mit Pilzen und Kräutersauce

Bitten Sie Ihren Fischhändler, die Fische auszunehmen und zu entschuppen. Statt Seebarben eignen sich für dieses italienische Gericht auch Brassen oder Sardinen. Servieren Sie dazu frischen grünen Salat.

450 g kleine, ganze Champignons
1 Knoblauchzehe, zerdrückt
3 El Olivenöl
Saft einer Zitrone
1 El fein gehackte Petersilie
2 Tl fein gehacktes Basilikum
1 Tl fein gehackter Salbei
4 El trockener Weißwein mit einem halben Tl Stärkemehl vermischt
Einige Tropfen Anchovis-Essenz
4 ausgenommene und entschuppte Seebarben von je ca. 250 g
2 Tl Semmelbrösel
2 Tl frisch geriebener Parmesan

1 Öl, Pilze und Knoblauch in einer Pfanne bei mäßiger Hitze ungefähr 1 Minute schwenken, bis die Pilze etwas weich sind. Kräuter, Zitronensaft und das mit dem Weißwein angerührte Stärkemehl dazugeben und aufkochen, bis die Sauce dick wird. Mit Anchovis-Essenz abschmecken.

2 Fische waschen und trocknen und in eine flache, feuerfeste Form legen. Sie sollten genau in die Form hineinpassen.

3 Den Fisch mit der Sauce übergießen und mit Semmelbröseln und Parmesan bestreuen.

4 Die Form lose mit Alufolie bedecken und im vorgeheizten Ofen bei 190° C/ Gas Stufe 5 ungefähr 20 Minuten backen. Eventuell während der letzten 5 Minuten die Folie entfernen und die Backtemperatur leicht erhöhen, um den Fisch etwas zu bräunen.

Salbeivarietäten

Salbei gibt es in verschiedenen Farben, vom hier abgebildeten Purpursalbei bis zu hellen graugrünen Pflanzen, gelben und grünen Blättern und einer dreifarbigen Art mit grünen Blättern, die rosa, dunkelrot und cremefarben gesprenkelt sind. Alle Arten haben ihr besonderes Aroma; es gibt sogar einen nach Ananas duftenden Salbei.

Ein Salbeiaufguß, täglich einmal in die Kopfhaut massiert, läßt das Haar dunkler werden und kaschiert graue Haare. Bereiten Sie einen starken Aufguß mit 4 El Blätter auf eine Tasse Wasser. Für eine intensivere Tönung den Salbei mit Tee statt mit Wasser aufbrühen.

Rauke

Rauke (Eruca sativa) *ist ein stark aromatisches Kraut mit einem ähnlichen Geschmack wie Kresse und wird oft in Salaten verwendet. Die mediterrane einjährige Pflanze mit ihren gelappten Blättern und cremefarbenen Blüten ist nahezu winterfest. Sie gedeiht in feuchtem Boden, braucht Sonne oder Halbschatten und kann im Herbst oder Frühjahr aus Samen gezogen werden. Ihr Anbau lohnt sich, denn sie kann schon nach acht Wochen geerntet werden. Die Blätter können wie Spinat gekocht werden.*

In der Kräutersprache bedeutet Rauke «Betrug», weil sie abends lieblich duftet, tagsüber jedoch geruchlos ist.

Februar

22

Im Mittelmeerraum und in Vorderasien war die Rauke Gewürzkraut und Heilpflanze bei Impotenz.

23

24

25

26

Die Blätter sollten geerntet werden, bevor die Pflanze blüht.

27

28/29

Kräutersauce

Ergibt 1,75 dl

Diese Sauce ist ganz leicht zuzubereiten und kann mit allen frischen Kräutern gewürzt werden. Petersilie, Thymian und Basilikum passen besonders gut zusammen. Servieren Sie sie zu kaltem Fleisch oder Salaten.

1,75 dl Olivenöl
2 El Zitronensaft
3 El gehackte frische Kräuter
2 Tropfen Tabasco
Salz und frisch gemahlener schwarzer Pfeffer

Alle Zutaten im Mixer gut durchmischen. Nach Geschmack würzen und in einem Saucenkännchen servieren. Die Sauce hält sich im Kühlschrank drei Tage.

Zweimal Kräuterbutter

Kräuterbutter schmeckt nicht nur gut, sondern kann auch sehr dekorativ wirken. Sie läßt sich einfrieren, so daß man sie im voraus zubereiten kann. Die Butterscheiben legt man auf Fisch oder Fleisch vom Grill, Gemüse und Maiskolben oder serviert sie zum Käse am Schluß einer Mahlzeit.

1 Eine Handvoll fein gehackter frischer Kräuter (wie Petersilie oder Koriander) mit nicht zu fester Butter vermischen. In Auflaufformen, irdene Buttergefäße oder dekorative Butterformen drücken und bis zur Verwendung einfrieren. Man kann auch 1 Tl Kräuterbutter zwischen hölzernen, geriffelten Butterschaufeln zu Kugeln formen.

2 Mischen Sie eine kleine Handvoll fein gehackter Kapuzinerkresseblüten unter die weich geknetete Butter und formen Sie die Butter auf einem Stück Plastikfolie zu einer Wurst. Die Butterrolle fest einwickeln und einfrieren. Bei Bedarf vorsichtig auswickeln und in Scheiben schneiden.

Sauerampfer

Sauerampfer (Rumex acetosa) gehört zu den Knöterichgewächsen und ist sowohl in Aussehen und Geschmack als auch in der Art der Zubereitung dem Spinat sehr ähnlich. Er wird oft als Sauce zu Fisch gereicht oder zu Quiches und Suppen verwendet. Die jungen Blätter können als Salat gegessen werden. Sie sind im Frühjahr fast geschmacklos und entwickeln erst im Lauf des Sommers ihre Säure.

Sauerampfer wächst fast in jedem Boden und an jedem Ort. Er wird ca. 60 cm hoch und bekommt im Sommer rötlichgrüne Blüten. Die unteren Blätter werden bis zu 15 cm lang.

Sauerampfer hat nicht nur kulinarische, sondern auch medizinische Eigenschaften. Bei Halsschmerzen gurgelte man früher mit einem Sirup aus Essig und Sauerampfer. Ein Absud aus Sauerampferblüten und Wein heilte angeblich Gelbsucht.

Kräuterseifen

Es gibt viele alte Rezepte zum Parfümieren von Seifen mit Kräutern. Man kann Aufgüsse aus verschieden duftenden Blättern und Blüten oder einige Tropfen ätherischer Öle an die noch flüssige Seife geben. Wenn Sie Öle verwenden, denken Sie daran, daß sie sehr stark sind und schon ein paar Tropfen genügen.

März

1

2

»Bringet mich wieder nach Hause! Was hat ein Gärtner zu reisen?
Ehre bringt's ihm und Glück, wenn er sein Gärtchen besorgt.«
Johann Wolfgang von Goethe

3

4

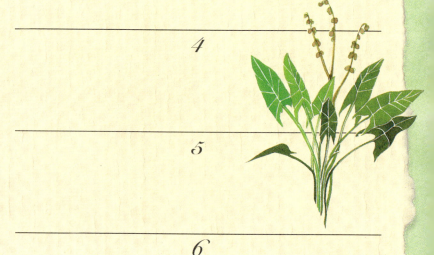

5

6

Wurzel und Samen des Sauerampfers wurden früher
wegen ihrer adstringierenden Wirkung geschätzt.

7

Sauerampfersauce

Sauerampfersauce schmeckt ausgezeichnet zu pochiertem weißen Fisch und Lachs, aber auch zu Spaghetti. Bei der Vorbereitung des Sauerampfers entfernen Sie den mittleren, häufig zähen Stengel.

100 g gehackter Sauerampfer
3 dl Fisch- oder Hühnerbrühe
15 g Butter, 1 El Mehl, 4 El Sahne
Salz, frisch gemahlener schwarzer Pfeffer

1 Sauerampferblätter 5 Minuten in der kochenden Brühe ziehen lassen. Etwas abkühlen lassen und pürieren.

2 Butter in einem Topf erhitzen, Mehl dazugeben und bei milder Hitze eine helle Schwitze bereiten.

3 Das Sauerampferpüree an die Schwitze geben und unter Rühren 4 Minuten leicht kochen lassen. Sahne und Gewürze hinzufügen und sofort servieren.

Ringelblumenseife

2 El gehackte frische Blütenblätter von Ringelblumen
2 El angewärmtes Glyzerin
12 El geraspelte Olivenölseife
1 El klarer Honig
Nach Wunsch natürliche Lebensmittelfarbe

Die gehackten Blütenblätter in das angewärmte Glyzerin geben und 2 Stunden an einem warmen Ort ziehen lassen. Seife in einer feuerfesten Schüssel im Wasserbad schmelzen. Aus dem Wasserbad nehmen und Glyzerinsud, Honig und Lebensmittelfarbe dazugeben. Förmchen mit Glyzerin ausfetten, die Seife einfüllen und fest werden lassen.

Flüssige Lavendelseife

6 El Olivenölseife, geraspelt
6 dl Wasser
5 El Glyzerin
4 Tropfen Lavendelöl
Natürliche Lebensmittelfarbe

Seife und Wasser im Wasserbad erhitzen. Sobald die Seife geschmolzen ist, das Glyzerin einrühren. Aus dem Wasserbad nehmen und das Lavendelöl unterrühren sowie einige Tropfen Lebensmittelfarbe. Die abgekühlte Seife in Flaschen füllen, mit Korken verschließen.

Rosmarin

Rosmarin (Rosmarinus officinalis) ist eine winterharte immergrüne Staude, die an den nadelförmigen blaugrünen und stark aromatischen Blättern leicht zu erkennen ist. Es gibt auch silber- und goldgestreifte Arten. Im Spätfrühling und bei mildem Wetter treibt er blaue, weiße oder rosa Blüten.

Rosmarin wächst am besten auf kalkhaltigem, lockeren Boden in geschützter Lage. Angeblich gedeiht er besonders in Häusern, «in denen die Frau regiert».

Rosmarinbüsche wachsen wild im Mittelmeergebiet, und ihr Aroma ist typisch für die italienische, spanische und provenzalische Küche. Die Blätter sollten für Speisen fein gehackt verwendet werden. Man kann auch kleine Zweige auf Braten oder Grillfleisch legen und an Suppen und Eintöpfe geben.

März

8

9

«Rosmarin und Thymian wächst in unserm Garten,
Wer mein Mädchen freien will, muß noch lange warten.»
Das deutsche Kinderbuch
Karl Simrock

10

11

Rosmarin ist das Kraut der Erinnerung und wird auf dem Land bei Beerdigungen getragen oder in Kränze eingeflochten.

12

13

«Ich bitte euch, liebes Herz, gedenket meiner!
Und da ist Rosmarin, das ist für die Treue.»
Hamlet
William Shakespeare

14

Rosmarin stand schon immer in Beziehung zur Muttergottes. Nach einer Legende nahmen die Blüten die Farbe ihres blauen Mantels an, als sie ihn zum Trocknen über einen Rosmarinbusch legte. In einer anderen Legende begannen Rosmarinbüsche plötzlich zu blühen, als Maria die Kleider Christi zum Trocknen darauf ausbreitete.

Lamm pikant

Ergibt vier Portionen

Das mit Kräutern und Gewürzen marinierte Lammfleisch wird nur kurz gebraten und mit Reis, Kartoffeln und einem grünen Gemüse wie Zuckererbsen oder grüne Bohnen serviert. Dieses Gericht schmeckt auch mit Schweinefilet oder Steak.

500 g Filet vom Lamm
1 Tl gehackter frischer Dill
1 Tl zerstoßener Rosmarin
1 Tl gehackter Thymian
2 Tl leicht zerstoßene Senfkörner
2 Lorbeerblätter
1 Tl grob gemahlener schwarzer Pfeffer
½ Tl gemahlener Piment
Saft von zwei Zitronen
3 dl Rotwein
2 El Öl
2 El Butter oder Margarine
1 kleine rote Paprika, entkernt und in Streifen geschnitten
100 g Champignons
3 El Mehl
1,5 dl Fleischbrühe
Salz

1 Fleisch in eine flache Schüssel legen und mit Dill, Rosmarin, Thymian und Senfkörnern bestreuen. Lorbeer, Pfeffer, Piment, Zitronensaft und Wein dazugeben und das Fleisch gründlich in der Marinade wenden. 4 Stunden in den Kühlschrank stellen.

2 Öl in einer großen Pfanne erhitzen. Paprika und Pilze darin andünsten und mit der Schaumkelle herausnehmen.

3 Das Öl in der Pfanne erneut erhitzen und das gut abgetropfte – die Marinade brauchen Sie noch! – und mit Küchenpapier abgetupfte Lammfilet darin rasch von allen Seiten bräunen. Fleisch herausnehmen und mit dem Gemüse warmstellen.

4 Butter in der Pfanne aufschäumen lassen und bei verringerter Hitze mit dem Mehl bräunen. Brühe und Marinade zugießen, aufkochen und Gemüse und Fleisch in die Sauce geben. Kochen lassen, bis das Fleisch weich, aber innen noch rosig ist.

5 Das Filet in dünne Scheiben schneiden und auf gewärmten Tellern anrichten. Die Lorbeerblätter entfernen und die Sauce über dem Fleisch verteilen.

Rosmarin-Haarspülung

Diese Spülung nach der Haarwäsche macht dunkles Haar besonders glänzend. Für helles Haar nehmen Sie statt Rosmarin Kamilleblüten.

Einige Rosmarinstengel etliche Minuten in heißem Wasser ziehen lassen. Die Flüssigkeit abseihen, abkühlen lassen und in eine Flasche füllen.

Echter Thymian

Der Echte oder Garten-Thymian (Thymus vulgaris) *ist eine kultivierte Form des Feldthymians der mediterranen Gebirgsregionen. Diese aromatische Art ist eine mehrjährige, kriechende Pflanze, die höchstens 25 cm hoch wird und im Sommer kleine mauvefarbene Blüten treibt. Man schneidet sie nach der Blüte zurück, damit sie kräftig nachwachsen kann.*

Thymian bevorzugt sonnige Lagen und gut drainierten Boden. Die Blätter duften dank des darin enthaltenen ätherischen Öls, das für kulinarische und medizinische Zwecke geschätzt wird. Früher wurde mit dem Öl Rheumatismus behandelt. Ein Sirup mit den gestampften Blättern heilte angeblich Keuchhusten. Thymiantee war ein Heilmittel bei Fieber und Lepra. Das Öl wird in der Industrie zum Parfümieren von Seifen verwendet.

März

15

Im süddeutschen Brauchtum spielte der Quendel oder Wildthymian eine wichtige Rolle als Weihe- und Marienkraut oder als Schutz vor Teufel und Hexen.

16

17

Die Römer verwendeten Thymian, um Käse und Liköre zu würzen.

18

19

20

21

Ein Teppich aus Thymian

Wenn Sie im Garten Platz haben, legen Sie sich einen Thymianrasen an. Wählen Sie kriechende Sorten mit verschiedenfarbigen Blättern und Blüten, die Sie dicht nebeneinander pflanzen, damit sie später einen mehrfarbigen Teppich bilden. Es gibt zahlreiche Kleinarten mit hellrosa und silbrigweißen Blüten, goldgrünen Blättern sowie den köstlichen Zitronenthymian.

Scampi nach Art der Provence

Ergibt 4 Portionen

Diese Mikrowellenversion eines klassischen Rezepts läßt sich in wenigen Minuten zubereiten. Thymian ist ein sehr kräftiges Gewürz, deshalb brauchen Sie zum Würzen nur eine kleine Menge.

2 El Olivenöl
1 Zwiebel, fein gehackt
1 Knoblauchzehe, zerdrückt
400 g Dosentomaten, zerkleinert (den Saft aufbewahren)
5 El trockener Weißwein
¼ Tl Thymian, gehackt
1 Tl frisches Basilikum, gehackt
1 Lorbeerblatt
1 El frische Petersilie, gehackt
Salz, frisch gemahlenen schwarzen Pfeffer
1 El Stärkemehl
700 g geputzte Garnelen

1 Olivenöl, Zwiebel und Knoblauch in eine tiefe Schüssel geben und unter häufigem Umrühren auf HOCH 5 Minuten kochen.

2 Die Tomaten, Wein, Kräuter, Salz und Pfeffer zugeben und gut umrühren. 2 Minuten auf HOCH erhitzen.

3 Den zurückbehaltenen Tomatensaft mit dem Stärkemehl verrühren und an die Sauce geben. Auf HOCH 3 Minuten kochen und umrühren, bis sich alle Zutaten gut vermischt haben.

4 Die Scampi an die Sauce geben und auf HOCH 2 bis 4 Minuten kochen, bis sie weich sind und die Sauce angedickt ist. Das Lorbeerblatt herausnehmen. Auf Reis oder Nudeln servieren.

> Getrocknete Thymianblüten im Wäscheschrank wehren Insekten ab. Binden Sie die Stengel zusammen und hängen Sie das Sträußchen mit den Blüten nach unten in den Schrank. Oder Sie streifen die Blüten von den Stielen und füllen damit Stoffsäckchen.

Indianernessel

Die Indianernessel (Monarda didyma) mit ihren leuchtendroten Blüten und hellgrünen, rötlich angehauchten Blättern ist eine beliebte Gartenpflanze, die einen nährstoffreichen, feuchten Standort im Halbschatten bevorzugt und besonders bei Hitze regelmäßig gegossen werden muß. Sie wird 45 bis 100 cm hoch und blüht im Spätsommer.

Man nennt die Indianernessel auch Monarda oder Bienenmelisse, weil ihr Duft und ihr Nektar die Bienen anlocken. Ihre Heimat ist Nordamerika. Die frühen Siedler lernten sie von den Oswego-Indianern kennen, die einen Tee aus den Blättern bereiteten.

Die gehackten Blätter und Blüten bringen sowohl Farbe als auch ein Orangenaroma an grüne Salate, Gelees, Obstsalate und Bowlen.

März

22

Indianernessel in heißer Milch wirkt wie ein leichtes Beruhigungsmittel.

23

24

25

26

27

Zur Zeit des Bostoner Tee-Sturms im Jahr 1773 tranken die Siedler lieber Oswego-Tee als den von den Engländern importierten schwarzen Tee.

28

Trauben-Monarda-Sülze

Fruchtsülzen lassen sich in der Mikrowelle in wenigen Minuten zubereiten. Sie sind ein erfrischendes Dessert, das Sie mit Schlagsahnerosetten verzieren können.

150 g grüne Trauben
4,5 dl ungesüßter weißer Traubensaft
2 El Zucker
1 El Gelatinepulver
1,5 dl Wasser
4 Zweiglein Monarda

1 Bei nicht kernlosen Trauben die Früchte halbieren und Kerne entfernen. Die Trauben eventuell abhäuten.

2 Traubensaft, Zucker und Monarda in einer größeren Schüssel 2 bis 4 Minuten kochen, bis sich der Zucker aufgelöst hat. Einmal umrühren. Etwas abkühlen lassen und die Monarda herausnehmen.

3 Gelatine mit 4 El Wasser vermischen. 30 Sekunden kochen, umrühren und, wenn nötig, weitere 30 Sekunden kochen, damit sich die Gelatine auflöst. Traubensaft und das restliche Wasser einrühren.

4 Die Trauben auf vier Glasschälchen verteilen und die Sülze darübergießen. Im Kühlschrank erstarren lassen.

Zucchini in Tomaten-Monarda-Sauce

Ergibt 4 Portionen

Dieses farbenfreudige Gericht paßt gut zu gegrilltem Huhn oder Steak. Wenn Sie es nicht im Mikrowellenherd zubereiten, dünsten Sie die Gemüse und den Speck in einer Pfanne vorsichtig etwas länger, bis sie weich bzw. gut durchgebraten sind.

Vier Scheiben Bauchspeck, entrindet und klein geschnitten
1 große Zwiebel, fein gehackt
1 Knoblauchzehe, zerdrückt
700 g Zucchini, schräg in Scheiben geschnitten
400 g Tomaten, zerkleinert
2 El Monarda, fein gehackt
Salz, gemahlener schwarzer Pfeffer

1 Den Speck in einer Schüssel unbedeckt auf HOCH 1 bis 2 Minuten braten.

2 Zwiebel und Knoblauch dazugeben und 2 Minuten auf HOCH kochen.

3 Die übrigen Zutaten untermischen, zudecken. 10 bis 15 Minuten auf HOCH kochen, bis das Gemüse weich ist.

Schafgarbe

März

29

In Schweden kennt man Schafgarbe als Feldhopfen, mit dem früher ein berauschendes Bier gebraut wurde.

30

31

Ein Schafgarbenaufguß regelmäßig bei der Haarwäsche angewendet verhindert angeblich die Glatze.

Schafgarbe (Achillea millefolium) ist eine winterharte Staude, die fast überall gedeiht. Sie hat dunkelgrüne, gefiederte Blätter und von Mai bis Oktober weiße oder zartrosa Blüten in lockeren Dolden. Sie bildet kleine Büsche und wird bis zu 60 cm hoch.

Schafgarbe, Feldgarbe oder Garbenkraut wird hauptsächlich für kosmetische und medizinische Zwecke verwendet. Achilles soll die blutenden Wunden seiner Soldaten mit Schafgarbe geheilt haben, weshalb sie auch Achilleskraut genannt wird. In jüngerer Zeit verwendete man sie, um die Bildung von Narbengewebe zu unterstützen.

Im Allgäu gehört sie ins Kräuterbüschel, das an Mariä Himmelfahrt geweiht wird.

> Eine Prise Schafgarbe unter dem Kopfkissen machte, daß einem im Traum das Bild des zukünftigen Ehepartners erschien.

Karten mit gepreßten Kräutern

Jeder wird die Zeit und die Mühe zu schätzen wissen, die für ein selbstgemachtes Geschenk aufgebracht wurden. Diese hübschen Karten sind leicht herzustellen und könnten vom Empfänger auch eingerahmt werden. Das Erfolgsgeheimnis sind sorgfältig gepreßte Blumen und handgeschöpftes Papier. Pressen Sie nicht nur Blüten, sondern auch Blätter von Kräutern, da sie sich gut als Hintergrund eignen und auch für sich sehr dekorativ sind.

Sie brauchen dazu:

Frische Kräuterblüten und -blätter
Weißes Löschpapier
Blumenpresse
Büttenpapier
Gummikleber
Karte

1 Verschiedene frische Kräuterblüten und -blätter einzeln zwischen sauberes weißes Löschpapier legen und mehrere Wochen in einer Blumenpresse oder zwischen den Seiten eines beschwerten Buches pressen. Das Löschpapier saugt die Feuchtigkeit allmählich auf. Verwenden Sie weißes Löschpapier, weil koloriertes Papier abfärben könnte.

2 Von den getrockneten Kräutern sorgfältig das Löschpapier abnehmen. Die gepreßten Kräuter sind zerbrechlich. Geben Sie besonders acht auf die zarten Blütenblätter. Mit einer Pinzette lassen sich die Kräuter leichter handhaben.

3 Die Kräuter beliebig auf einem Rechteck aus Büttenpapier anordnen und vorsichtig ankleben. Wenn Sie wollen, können Sie auf die Vorderseite mit einer Tuschfeder einen Gruß schreiben.

4 Das dekorierte Rechteck auf eine etwas größere gefaltete Karte kleben. Wenn Sie diese Karten per Post verschicken, verwenden Sie gefütterte Kuverts, um sie nicht zu beschädigen.

Schafgarben-Gesichtsreiniger

Schafgarbenblätter und -blüten ergeben einen guten Reiniger für fettige Haut. Bereiten Sie einen Aufguß aus 3 gestrichenen Eßlöffeln Blättern und Blüten, die Sie in einer Schüssel mit 1,5 dl kochendem Wasser überbrühen. Abkühlen lassen, abseihen und in eine saubere Flasche füllen. Der Aufguß hält sich im Kühlschrank mehrere Tage.

Kerbel

Der farnähnliche Kerbel (Anthriscus cerefolium) gehört zu den anspruchslosesten Kräutern. Er wird ungefähr 45 cm hoch, und wie bei Petersilie gibt es glatte und krause Arten. Kerbel hat hellgrüne Blätter und kleine weiße Blüten. Er bevorzugt durchlässigen Boden und Halbschatten.

Der feine Anisgeschmack verlangt die Verwendung großzügiger Mengen. Am besten gibt man den Kerbel erst zum Schluß an die Speisen. Er wird viel in der französischen Küche verwendet und paßt gut zu Fisch, Huhn und Salaten. In der typisch französischen Mischung mit fein gehackter Petersilie, Estragon und Thymian wird er zum Würzen von Omeletts und anderen Eierspeisen verwendet. Außerdem ist er eine hübsche Garnierung.

Kerbel ist ein traditionelles Fastenkraut und besitzt angeblich blutreinigende Eigenschaften.

> Säen Sie entlang von Rettichen eine Reihe Kerbel. Er hilft, Schädlinge abzuhalten, und die Rettiche in seiner Nähe bekommen einen etwas schärferen Geschmack.

April

1

2

Kerbel kommt traditionell am Gründonnerstag auf den Tisch, weil er neues Leben und Wiedergeburt symbolisiert.

3

4

Kombiniert mit Petersilie, Estragon und Thymian gehört Kerbel zu den klassischen *fines herbes* der französischen Küche.

5

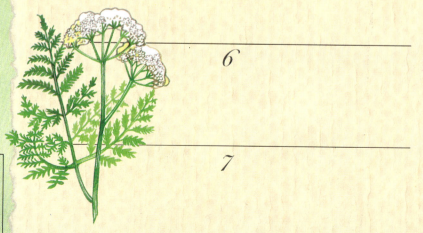

6

7

Forelle Müllerin

Ergibt 4 Portionen

Der Müller pflegte im Mühlbach Forellen zu fangen, und die Müllerin wälzte die Fische im Mehl der Mühle, bevor sie in die Pfanne kamen. Bemehlen Sie den Fisch erst kurz vor dem Braten, damit das Mehl nicht durchweicht, und servieren Sie ihn mit neuen Kartoffeln und frischem Grün.

4 gleich große Forellen, gesäubert
Mehl
Salz und frisch gemahlener schwarzer Pfeffer
100 g Butter
2 El frische gehackte Kräuter wie Kerbel, Petersilie, Estragon, Thymian oder Majoran
Zitronensaft, Zitronenspalten zum Garnieren

1 Die Schwanzflossen mit einer Schere stutzen und den Fisch gründlich abspülen.
2 Die Forellen in Mehl wälzen. Überschüssiges Mehl abschütteln. Mit Salz und Pfeffer würzen. Die Hälfte der Butter in einer großen Pfanne erhitzen und den Fisch in die aufschäumende Butter legen. Möglicherweise sind zwei Arbeitsgänge nötig, wenn nicht alle Fische bequem in der Pfanne Platz haben.
3 Die Fische bei ziemlich starker Hitze auf beiden Seiten je nach Größe 5 bis 8 Minuten gleichmäßig bräunen. Wenn der Fisch gar ist, läßt sich die Rückenflosse leicht herausziehen. Fische auf einer Platte bis zum Servieren warmhalten.
4 Die Pfanne auswischen und die restliche Butter bei mäßiger Hitze anbräunen. Zitronensaft und Kräuter dazugeben und die brutzelnde Mischung sofort über den Fisch gießen. Mit Zitronenspalten garnieren.

Käse und Kerbel als Aufstrich

Für rasch zubereitete Kanapees vermischen Sie 100 g Rahmkäse, 2 El Sauerrahm oder Joghurt mit 3 El gehacktem Kerbel und bestreichen damit Gemüseschnittchen. Mit etwas mehr Sauerrahm oder Joghurt erhält man eine Dipsauce, die gut zu Rohkost schmeckt.

Krause Petersilie

Petersilie (Petroselium crispum), ob kraus oder glatt, ist eines der beliebtesten Kräuter. Die «Mooskrause» wird meistens zum Garnieren verwendet. Ihre Blätter sind in kleine Segmente mit dicht gekräuselten Rändern geteilt. Petersilie gibt es als Zwergarten, die sich für Blumenkästen eignen; andere Arten werden bis zu 60 cm hoch. Sie bevorzugt einen sonnigen Platz und humusreichen feuchten Boden.

Angeblich gedeiht sie am besten dort, wo die Frau Herr im Hause ist. Dies könnte auf den ländlichen Aberglauben zurückgehen, daß alle Babys im Petersilienbeet gefunden würden und daß sich schwangere ledige Mädchen aus ihrer mißlichen Lage befreien könnten, wenn sie drei Wochen lang dreimal täglich Petersilie kauten. Petersilie hatte auch immer mit dem Tod zu tun. Die alten Griechen streuten sie auf Gräber, flochten sie aber auch in die Siegerkränze ihrer Olympioniken und gaben sie den Pferden vor einem Wagenrennen zu fressen.

Ein altes französisches Heilmittel gegen Schwellungen war ein Breiumschlag aus zerstoßener Petersilie und Schnecken.

April

8

9

Petersilienblätter erfrischen den Atem.

10

11

12

13

Petersilie in den Fischteich gestreut soll kranke Fische heilen.

14

Teegebäck mit Käse und Kräutern

Ergibt 10 Stück

Diese schmackhaften Brötchen können mit Petersilie, Schnittlauch oder Majoran oder einer Mischung aus allen dreien gebacken werden. Man serviert sie noch warm, aufgeschnitten und mit Butter bestrichen zum Nachmittagstee. Sie schmecken frisch am besten.

100 g Weißmehl
2 Tl Backpulver
100 g einfaches Vollkornmehl
1 Prise Salz
½ Tl Paprika
50 g Margarine
75 g fein geriebener Käse
4 Tl gehackte frische Kräuter
8 El Milch
Milch zum Bestreichen

1 Ofen auf 220° C/Gas Stufe 7 vorheizen. Mehl und Backpulver in eine Schüssel sieben und mit dem Vollkornmehl vermischen. Salz, Paprika und die Margarine in Flöckchen dazugeben.

2 Mit Käse, Kräutern und Milch zu einem weichen Teig kneten.

3 Teig 1 cm dick ausrollen. Runde Plätzchen von 5 cm Durchmesser ausstechen, auf ein gefettetes Backblech legen und mit Milch bestreichen. 10 bis 15 Minuten backen und auskühlen lassen.

Petersilienmayonnaise

Dieses Rezept ist eine Abwandlung der herkömmlichen Mayonnaise und läßt sich im Mixer ohne viel Aufwand zubereiten. Es paßt zu Fisch und allen Salaten.

1 Tl scharfer Senf
1 Ei, 1 Eigelb
3 El Zitronensaft
3 dl Sonnenblumen- oder Traubenkernöl
Salz, gemahlener schwarzer Pfeffer
1 El frische gehackte Petersilie

1 Senf, Ei und Eigelb 15 Sekunden im Mixer vermischen. In die laufende Maschine zunächst sehr langsam, dann etwas schneller, tropfenweise das Öl geben, bis die Mayonnaise dick und cremig wird.

2 Unter weiterem Rühren Zitronensaft und Gewürze zugeben, anschließend die gehackte Petersilie. Sofort servieren oder in einem Schraubglas im Kühlschrank nicht länger als zwei Wochen aufbewahren.

Petersiliensauce

Ergibt 4 Portionen

Petersiliensauce ist eine der klassischen Saucen zu gegrilltem oder gedünstetem Fisch.

2 El Butter, 4 El Mehl, 3 dl Milch, Salz, frisch gemahlener schwarzer Pfeffer
1 El gehackte frische Petersilie

1 Butter in einem Topf schmelzen und Mehl dazugeben. Unter Rühren bei milder Hitze 2 Minuten anschwitzen.

2 Vom Herd nehmen und etwas Milch daruntermischen. Erst danach die restliche Milch einrühren, damit sich keine Klümpchen bilden. Mit Salz und Pfeffer würzen.

3 Unter Rühren aufkochen, dann bei geringer Hitze 5 Minuten köcheln lassen. Umrühren. Petersilie untermischen und servieren.

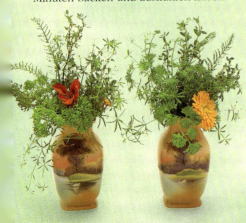

Ingwerminze

*I*ngwerminze (Mentha gentilis) ist eine Kreuzung aus Gelber und Grüner Minze; von letzterer hat sie ihren kräftigen Geruch. Sie ist mehrjährig und wird 30 bis 60 cm hoch. Bei der zweifarbigen Form haben die Blätter hellgelbe Streifen.

Die zartlila Blüten sitzen dicht an der Hauptsprosse und nicht, wie bei anderen Minzen, mehr an den verzweigten Sprossenenden. Ihre duftenden Blätter sind getrocknet eine geeignete Zutat für Potpourris. Wie alle Minzen kann auch die Ingwerminze im Garten überhandnehmen. Um ein zu starkes Ausbreiten der Wurzeln zu verhindern, versuchen Sie, Ingwerminze im Topf zu ziehen.

April

15

16

Mäuse verabscheuen den Geruch frischer oder getrockneter Minze und rühren keine Lebensmittel an, wo Minze verstreut ist.

17

18

Im 14. Jahrhundert wurde Minze zum Weißen der Zähne verwendet.

19

20

21

Kräuter-Potpourris

Komponieren Sie Kräuter-Potpourris in den Farben und Düften Ihrer Wahl. Es gibt so viele blühende Kräuter und aromatische Blätter, daß es Ihnen nicht schwerfallen wird, eigene Rezepte zusammenzustellen.

1 Blüten und Blätter bei trockenem Wetter pflücken. Auf Küchenpapier in einem warmen Raum gut trocknen lassen.

2 Aus den getrockneten Kräutern und Blüten nach Farben und Duft eine Mischung zusammenstellen.

3 Um den Duft der Kräuter länger zu erhalten, geben Sie ein Fixiermittel dazu, das die ätherischen Öle absorbiert. Viele Fixative haben ein eigenes Aroma, das zum Parfüm des Potpourris beiträgt. Fixative sind gemahlene Veilchenwurzel, Zimt, Muskat und Nelken sowie Vanilleschoten, Koriander, Kreuzkümmel und Engelwurz. Mischen Sie das Fixiermittel mit einigen Tropfen ätherischen Öls in einer großen Schüssel, bevor Sie die getrockneten Kräuter hinzufügen.

Das blaue Bastkörbchen enthält Rosenblätter, duftendes Geranium und Zitronenminze; das herbere Potpourri im gelben Körbchen Apfelminze, Ingwerminze, Zitroneneisenkraut und Zitronenthymian. Die Ringelblume steigert die Farbwirkung.

Mint Juleps

Mint Juleps sind erfrischende Bourbon-Cocktails, die mit zerstoßenem Eis und Minze serviert werden. Das Getränk stammt aus dem amerikanischen Süden und wurde im 19. Jahrhundert dort so populär, daß die Temperenzler in Virginia die Vernichtung aller Minzenbeete forderten.

Für ein Glas:
3 Zweiglein frische Minze
½ Tl Puderzucker
1 Tl Sodawasser
Zerkleinerte Eiswürfel
1 Maß Bourbon
Minze zum Verzieren

Die Minze mit dem Zucker im Whiskeyglas zerdrücken und die Innenseite damit ausstreichen. Minze entfernen. Zucker mit Sodawasser auflösen. Eis dazugeben und Bourbon darübergießen, aber nicht umrühren. Mit Minzenzweig dekorieren.

Zitronenthymian

Der immergrüne, süß duftende Zitronenthymian (Thymus citriodorus) wurde aus dem Feldthymian gezüchtet. Wegen seines milden Zitrusaromas ist er ein beliebtes Küchenkraut und wird häufig in Füllungen, zu Hühnchen, Obstsalaten oder Fruchtsülzen verwendet.

Zitronenthymian lockt Bienen an und verleiht dem Honig einen guten Geschmack. Er wächst 20 bis 30 cm hoch, liebt trockenen Boden und blüht im Spätsommer dunkelrosa. Er ist weniger winterhart als andere Thymianarten und muß im Winter mit Laub oder Stroh bedeckt geschützt werden. Die getrockneten Blätter sind eine willkommene Zutat für Potpourris oder Duftkissen.

April

22

23

24

25

Ein Heiltrank aus Thymian kuriert angeblich im Nu einen Kater.

26

27

28

Eingelegte Zitronen mit Rosmarin und Lorbeer

Diese Zitronenscheiben können zu kaltem Fleisch gereicht werden. Das Öl verwenden Sie zu Salatsaucen und Marinaden.

1 kg Zitronen, Salz
Lorbeerblätter, Rosmarinzweiglein
6 dl Olivenöl oder eine Mischung aus Olivenöl und einem anderen pflanzlichen Öl

1 Zitronen in dünne Scheiben schneiden. Mit reichlich Salz in ein Sieb schichten. Auf einem Teller und mit einem sauberen Tuch bedeckt 24 Stunden an einen kühlen Ort stellen.

2 Zitronenscheiben abspülen und auf Küchenpapier trocknen. Mit den Kräutern in ein Weckglas legen.

3 Öl darübergießen. Die Zitronenscheiben müssen ganz bedeckt sein, um nicht zu schimmeln. Verschließen und vier Wochen kühl stellen, damit sich das Aroma entwickeln kann.

Salade de Légumes

Ergibt 6 Portionen

Die Zubereitung dieses Gemüsesalats in der Mikrowelle ist eine Sache von Minuten und doch etwas Besonderes für ein Abendessen mit Gästen. Sie können ihn als Vorspeise servieren oder mit Thunfisch als etwas gehaltvolleren Hauptgang.

300 g Artischockenherzen aus der Dose
1 rote Zwiebel, gehackt
1 Knoblauchzehe, zerdrückt
1 grüne Paprika, entkernt und klein geschnitten
1 Tl gehackter frischer Thymian
1 Tl gehacktes frisches Basilikum
2 Tl gehackte frische Petersilie
450 g grüne Bohnen aus der Dose, Weiße Bohnen oder Wachsbohnen; abspülen und abtropfen lassen
4 geschälte und gehackte Tomaten

Dressing:
3 El Olivenöl
2 Tl Weißweinessig
½ Tl französischer Senf
1 Prise Salz und frisch gemahlener schwarzer Pfeffer
Radicchio und krausen Endiviensalat zum Garnieren

1 Alle Zutaten bis auf das Salatdressing und die Garnierung in einer großen Schüssel vermischen und auf HOCH 2 Minuten erwärmen.

2 Die Zutaten für das Dressing vermischen, über den Salat gießen und alles gründlich durchschütteln.

3 Radicchio und Endivien auf Serviertellern anrichten und den Salat daraufgeben. Lauwarm servieren.

Weißer Lavendel

April

29

Bienen ziehen Lavendel allen anderen Blüten vor; deshalb sind Lavendelbüsche oft voller Bienen, die den begehrten Nektar sammeln.

30

Napoleon mochte Lavendelwasser angeblich besonders gern.

W eißer Lavendel ist weniger widerstandsfähig gegen Krankheiten, ungünstiges Klima oder schlechten Boden als der blaue Echte Lavendel und daher seltener. Es gibt ihn jedoch in fünf Varietäten: die winzige Lavandula angustifolia «Nana Alba» und die mittelgroße Sorte «Alba»; eine weiße Form des Schopflavendels Lavandula stoechas, die gut in Behältern gedeiht; die grünlichweiße höhere Art Lavandula viridis und die winterhärtere Lavandula x intermedia «Alba».

Auch eine zartrosa Sorte Lavandula angustifolia «Rosea» ist erhältlich. Diese helleren Lavendel scheinen einen stärkeren Duft zu haben als die dunkleren, blauvioletten Arten.

Ein Kranz aus Lavendel und Rosen

Hängen Sie diesen Kranz aus getrockneten Rosen und Lavendel an einen warmen Ort, und das ganze Zimmer wird danach duften. Wenn der Duft nachläßt, frischen Sie ihn mit einigen Tropfen Lavendelöl auf, die Sie auf den Kranz sprühen. Die Strohkränze erhält man in Bastel- und Blumengeschäften.

Sie brauchen dazu:

Getrockneten Lavendel
Getrocknete Rosen
Strohkranz
Blumendraht
Eine scharfe Schere
Band zum Aufhängen

1 Lavendelsträußchen aus jeweils ca. 8 Stielen binden. Unterhalb der Blütenköpfe fest mit einem Stück Blumendraht umwickeln, das lang genug sein muß, um das Sträußchen am Kranz zu befestigen. Stielenden kürzen.

2 Lavendelsträußchen am Kranz befestigen und den Draht auf der Kranzrückseite fest zusammendrehen. In einer Richtung arbeiten, wobei die Blüten über die Stengel des zuvor befestigten Sträußchens gelegt werden, um sie zu verdecken.

3 Nach dem Lavendel die Rosen befestigen. Dazu die Stiele auf ungefähr 5 cm kürzen und in die Lücken zwischen die Lavendelsträußchen stecken. Man schiebt sie unter den Draht, mit dem der Lavendel befestigt wurde.

4 Auf der Rückseite bringen Sie ein Band an, um den Kranz aufzuhängen.

Lavendelflaschen

Diese altmodischen Duftflaschen für Kleider- oder Wäscheschränke werden aus frischem Lavendel gemacht.

1 Ein Sträußchen aus frischem Lavendel dicht unter den Blüten mit Schnur oder Band fest zusammenbinden.

2 Die Stiele umbiegen, so daß die Blüten von einem Stengelkäfig umschlossen sind.

3 Die Stengel mit Schnur oder Band zusammenbinden. Aus den Enden eine Schlinge zum Aufhängen knüpfen. Die Flaschen werden im Schrank langsam trocknen und doch ihre Form behalten.

Apfelminze

Die Rundblättrige Minze oder Apfelminze (Mentha suaveolens) breitet sich weniger wuchernd aus als andere Minzenarten. Sie hat einen angenehm fruchtigen Geschmack. Ihre runden, runzeligen Blätter riechen nach Apfel. Sie wächst bis zu 60 cm hoch, bevorzugt nährstoffreiche, feuchte Erde und Halbschatten und bekommt im Spätsommer weißliche bis rosa Blüten. Die in Süd- und Westeuropa heimische Apfelminze ist ziemlich winterhart und wenig anfällig für Krankheiten. Sie ist wegen des milderen Geschmacks ideal für Obstsalate und Getränke. Getrocknete Apfelminzenblätter behalten ihr Aroma und eignen sich vorzüglich für ein Potpourri.

Mai

1

Im alten Griechenland war es Brauch, jeden Körperteil mit einem besonderen Duft zu parfümieren. Minze wurde für die Arme verwendet.

2

3

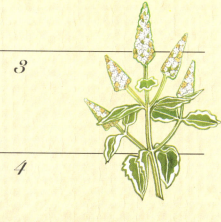

4

5

Minzenblätter stillen angeblich den durch einen Bienen- oder Wespenstich verursachten Schmerz.

6

7

Garnelen in Melone

Ergibt 4 Portionen

Dieses erfrischende Gericht kann mit neuen Kartoffeln und einem gemischten Salat als leichtes Mittagessen serviert werden oder als Vorspeise für 8 Personen.

2 kleine Melonen
4 mittelgroße Tomaten
1 kleine Gurke
1 Orange
Saft einer halben Zitrone
4 El pflanzliches Öl
3 El Crème fraîche
2 El gehackte frische Minze
eine Prise Zucker
Salz, frisch gemahlener schwarzer Pfeffer
1 Tl frischer gehackter Zitronenthymian
250 g geschälte Garnelen
90 g geröstete Mandelsplitter
Minzenzweiglein zum Garnieren

1 Melonen halbieren und Kerne entfernen. Fruchtfleisch mit einem Kugelformer oder einem Eßlöffel herausnehmen; dabei einen ½ cm dicken Rand in der Frucht stehen lassen.

2 Fruchtfleisch in 1 cm große Würfel schneiden oder in Kugeln belassen. Tomaten schälen und in Streifen schneiden. Gurke schälen und in 1 cm große Würfel schneiden. Orange schälen und zerteilen.

3 In einer großen Schüssel Zitronensaft, Öl und Crème fraîche vermischen. Minze, Zucker, Salz, Pfeffer und Thymian darunterrühren. Garnelen, Früchte und Gemüse gut mit dem Dressing vermischen.

4 Die Mischung gleichmäßig verteilt in die Melonenhälften geben und gut kühlen. Mit Minzenzweiglein und Mandeln garniert servieren.

Minzenfußbad

Ein Minzenfußbad erfrischt müde und schmerzende Füße. Geben Sie 2 ½ l kochendes Wasser auf 1 El Minze. Nach 15 Minuten seihen Sie den Aufguß ab und baden Ihre Füße genauso lang in dem wohlriechenden warmen Wasser.

Minzsauce

Dies ist die klassische englische Sauce zu Lammbraten, die wegen des Aromas eine Stunde vor dem Servieren zubereitet werden sollte.

Ein Sträußchen Minze
2 Tl Zucker
1 El kochendes Wasser
1–2 El Essig

Minze mit dem Zucker auf einem Brett fein hacken. In eine Sauciere geben und das kochende Wasser einrühren, bis sich der Zucker aufgelöst hat. Essig nach Geschmack.

Basilikum

Basilikum (Ocimum basilicum) wird seit zweitausend Jahren angebaut und stammt aus Indien, obwohl es in der indischen Küche kaum vorkommt. Es sollte möglichst frisch verwendet werden. Die jungen Blätter sind am aromatischsten. Basilikum gedeiht in sonniger Lage und lockerem, nährstoffreichem Boden, verträgt aber nicht zu viel Wasser. Basilikum wird 30 bis 60 cm hoch mit großen, glänzenden Blättern und kleinen weißen Blütenbüscheln, die Sie abschneiden sollten, um das Wachstum der Blätter zu fördern.

Basilikum ist frostempfindlich. Pflanzen Sie es deshalb in Töpfe, die bei kälterem Wetter ins Haus gebracht werden können. Die Blätter gibt man zerpflückt, nicht gehackt, kurz vor dem Servieren an die Speisen, damit sie ihr Aroma behalten. Basilikum wird viel in der mediterranen Küche verwendet und paßt ideal zu Eiern und Tomaten. Getrocknetes Basilikum kann auch geschnupft werden, um nervöse Kopfschmerzen zu heilen.

> Früher war es unter den englischen Bauersfrauen üblich, Besuchern zum Abschied ein Töpfchen Basilikum zu schenken.

Mai

8

9

«Dann hat sich oft aus Hälmchen und aus Gräschen entsponnen zwischen uns ein Hadersträußchen,
Doch oftmals auch gewebt ein Liebeskränzchen.»
Liebesleben
Friedrich Rückert

10

11

12

13

In Ostrumänien heißt es, daß ein junger Mann das Mädchen lieben wird, von dem er ein Basilikumzweiglein annimmt.

14

Pestosauce

Diese klassische italienische Spaghettisauce sollte nur dann zubereitet werden, wenn das Basilikum blüht. Zum Zerkleinern des Basilikums kann man statt Mörser und Stößel auch den Pürierstab der Küchenmaschine verwenden.

1 mittelgroßes Sträußchen frisches Basilikum
4 bis 6 El Olivenöl
2 Knoblauchzehen, zerdrückt
25 g Pinienkerne
25 g frisch geriebener Parmesan

1 Alle Zutaten bis auf den Parmesan pürieren.

2 Parmesan unterrühren und etwas mehr Öl zugeben, wenn eine flüssigere Sauce gewünscht wird. Mit Spaghetti servieren.

Tomaten-Orangen-Salat

Ergibt 4 Portionen

Tomaten, Mozzarella und Basilikum sind eine bekannte Kombination. Mit Orangen schmeckt dieser Salat ein wenig anders. Zerkleinern Sie die Basilikumblätter erst kurz vor dem Servieren, weil sie geschnitten leicht schwarz werden, wenn sie länger stehen.

4 große Fleischtomaten
4 kleine Orangen
250 g Mozzarella
8 frische Basilikumblätter
4 El Olivenöl
1 El Weißweinessig
Salz, gemahlener schwarzer Pfeffer

1 Den Strunk der Tomaten ausstechen. Tomaten quer in $1/2$ cm dicke Scheiben schneiden.

2 Von jeder Orange oben und unten eine Scheibe abschneiden. Orangen schälen und mit einem Sägemesser in $1/2$ cm dicke Scheiben schneiden. Kerne entfernen. Den Mozzarella in gleich dicke Scheiben schneiden.

3 Abwechselnd Tomaten, Mozzarella und Orangen in Kreisen übereinander anordnen. Basilikum zerkleinern und darüberstreuen.

4 Die übrigen Zutaten vermischen und über den Salat verteilen. Vor dem Servieren kurz kaltstellen.

Zwiebelschnitt-lauch

Zwiebelschnittlauch (Allium sativum) ist dem normalen Schnittlauch sehr ähnlich, hat aber einen deutlichen Knoblauchgeschmack. Er gehört zur selben Pflanzenfamilie wie Knoblauch, Lauch, Zwiebeln und Schalotten und paßt zu Salaten und anderen Rohkostgerichten, die von seinem Aroma profitieren. Im Gegensatz zu anderen Schnittlaucharten breitet er sich nicht im Garten aus, die schlanken Stiele sind flacher und die zwiebelartigen Blüten heller.

Zwiebelschnittlauch wird 15 bis 25 cm hoch. Er gedeiht im Freiland in normaler Gartenerde und in Töpfen am Fenster.

Mai

15

16

Schnittlauch wächst in dichten Büscheln und kann als Beeteinfassung gepflanzt werden.

17

18

Schnittlauch läßt sich gut einfrieren – die Stiele einfach im Gefrierbeutel ins Tiefkühlfach legen.

19

20

21

Forelle mit Schnittlauchsauce

Für 4 Personen

Dieses Rezept eignet sich für ein Essen mit Gästen. Servieren Sie dazu neue Kartoffeln und grüne Bohnen oder Zuckererbsen.

4 gleich große Regenbogenforellen, ausgenommen und getrimmt
Mehl mit Salz und Pfeffer gemischt
4 El Butter, zerlassen
2 El Weißwein
3 dl Sahne
1 Bündchen gehackter Schnittlauch
Salz, gemahlener schwarzer Pfeffer

1 Fische in dem gewürzten Mehl wälzen und auf ein gefettetes Backblech legen. Mit flüssiger Butter begießen.

2 Im Ofen bei 200° C/Gas Stufe 6 ca. 10 Minuten backen, dabei häufig mit Butter bestreichen, bis die Haut kroß ist. Machen Sie die Garprobe an der Unterseite dicht an der Mittelgräte. Bei Bedarf bei 170° C weitere 5 Minuten backen.

3 Wein in einem kleinen Topf auf die Hälfte einkochen. Die Sahne einrühren und noch einmal aufkochen, bis die Sahne leicht andickt. Die Schnittlauchröllchen unterrühren; einige zum Garnieren zurückbehalten.

4 Den Fisch auf einen Servierteller legen, mit etwas Sauce begießen und mit Schnittlauch garnieren. Die restliche Sauce getrennt servieren.

Pflanzengesellschaften

Es gibt Pflanzen, die in der Nähe bestimmter Arten gedeihen und in Gegenwart anderer nur dahinkümmern. Wie die folgende Liste zeigt, gilt dies besonders für Kräuter. Bis auf Fenchel üben die meisten Kräuter auf Gemüse und Obst eine wohltuende Wirkung aus. Pflanzen Sie Kräuter an den Beetecken, um Schädlinge abzuhalten und Bienen anzulocken.

Baldrian – nützt vielen Gemüsen.
Basilikum – kümmert in der Nähe von Gartenraute, begünstigt aber die meisten Gemüse.
Borretsch – fördert Erdbeeren, Gurken und Tomaten.
Dill – fördert Kohl und Mais, jedoch nicht Karotten.
Eberraute – begünstigt Obstbäume.
Fenchel – ist nachteilig für Tomaten, Kohlrabi und Buschbohnen; begünstigt Salat und Lauch.
Rainfarn – hält Fliegen von Pfirsichbäumen ab.
Kamille – nützt Weizen, Zwiebeln und Kohl.
Kapuzinerkresse – hält von Broccoli und Apfelbäumen Blattläuse ab und ist gut für Rettiche.
Kerbel – wächst gut bei Radieschen.
Koriander – verlangsamt die Bildung von Fenchelsamen.
Meerrettich – wächst gut mit Kartoffel; macht sie widerstandsfähiger.
Petersilie – begünstigt Rosen und Tomaten.
Pfefferminze – schützt Kohl vor Kohlweißling.
Ringelblume – begünstigt Tomaten und hält Fliegen ab.
Rosmarin – wehrt die Möhrenfliege ab.
Salbei – gedeiht gut mit Rosmarin, fördert jedoch nicht das Wachstum von Gurken.
Schafgarbe – nützt den meisten Gemüsen.
Schnittlauch – verbessert die Gesundheit von Apfelbäumen, vergrößert Karotten, tut aber nichts für Bohnen.
Sommerbohnenkraut – begünstigt grüne Bohnen und Zwiebeln.
Thymian – hilft gegen die Kohlfliege.
Winterbohnenkraut – verlangsamt bei manchen Samen das Keimen.
Ysop – ist für den Kohlweißling attraktiver als Kohl und fördert in der Nähe eines Weinstocks das Wachstum der Trauben, ist aber schlecht für Rettiche.

Grüne Minze

Die Grüne Minze (Mentha spicata), vermutlich eine Kreuzung aus Wasserminze und Rundblättriger Minze, ist eines der ältesten, bekanntesten und am häufigsten angebauten Küchenkräuter. Sie wird bis zu 45 cm hoch. Man setzt sie am besten in Pflanzgefäße, weil sie sich sonst im ganzen Garten verbreitet. Sie bevorzugt nährstoffreichen, feuchten Boden und sollte immer wieder zurückgeschnitten werden, damit sie kräftig nachwachsen kann.

Grüne Minze hat lange, ährenartige Blütenstände mit rosa Blüten. Sie blüht im Sommer. Ihr Gattungsname Mentha stammt aus der griechischen Mythologie, von einer Nymphe namens Minthe, die in die Pflanze verwandelt wurde, die wir heute Minze nennen.

Mai

22

23

24

Ein starker Absud von Grüner Minze heilt angeblich aufgesprungene Hände.

25

26

27

Weh euch, Schriftgelehrte und Pharisäer, ihr Heuchler, die ihr den Zehnten von Minze, Dill und Kümmel gebt...
Matthäus 23

28

Duftkissen

Diese Kissenhüllen werden mit Polstermaterial und getrockneten, vor Motten schützenden Kräutern wie Eberraute, Minze, Rainfarn und Thymian gefüllt. Für einen blumigen Duft fügen Sie getrocknete Rosenblätter oder Lavendel hinzu, für einen etwas würzigeren gemahlene Nelken. Legen Sie die Duftkissen in einen Wäscheschrank oder eine Truhe, um Motten abzuhalten.

Sie benötigen dazu:
Hübsche Baumwoll- oder Leinentaschentücher
Passenden Faden
Etwas Füllmaterial
Perlen zum Verzieren (nach Belieben)
Getrocknete Kräuter (s. oben)

1 Die Taschentücher bügeln; dabei die vier Ecken zur Mitte legen, so daß sie sich etwas überlappen und die Form eines Briefumschlags bilden. Hat das Taschentuch eine bestickte Ecke, nehmen Sie diese als Verschlußklappe.

2 Die untere und die zwei seitlichen Ecken mit Vorderstichen zusammennähen. Klappe eventuell mit Perlen und Pailletten besticken.

3 Die Hüllen mit Füllmaterial und Kräutern füllen. Die Klappe kann festgenäht werden, damit nichts herausfällt.

4 Das größere Kissen entstand aus einem bestickten, dreiteilig gefalteten Leinendeckchen. Das untere und mittlere Teil wurde an den Seiten zusammengenäht und das obere, bestickte Teil darübergeklappt.

Kräutereiswürfel

Geben Sie Ihren Getränken ein festliches Aussehen, indem Sie frische Kräuter mit dem Wasser in der Eiswürfelschale einfrieren. Kapuzinerblüten und -blätter, Borretschblüten und Minzenblätter eignen sich ideal dafür und sorgen zusätzlich für einen Farbtupfer. Für eine Party können Sie leicht eine größere Menge im voraus zubereiten.

Ein Kranz aus frischen Kräutern

Mit einer lose geflochtenen Unterlage läßt sich ein solcher Kranz in wenigen Minuten zurechtmachen. Sie stecken einfach verschiedene frische Kräuter in das Geflecht und versehen den Kranz mit einem Band zum Aufhängen. Wenn die Kräuter verwelkt sind, werden sie durch frische ersetzt. Für den abgebildeten Kranz wurden Thymian, verschiedene Minzen, Rosmarin und Basilikum verwendet.

Kapuzinerkresse

Kapuzinerkresse (Tropaeolum majus) gehört mit ihren trichterförmigen, leuchtendroten, gelben und orangefarbenen Blüten zu den hübschesten Kräutern. Sie blüht den ganzen Sommer und wird, obwohl sie nicht duftet, wegen ihres reichlichen Nektars viel von Bienen besucht. Die Blüten sind eßbar und werden häufig zum Verzieren und in Salaten verwendet. Gehackt kann man sie mit Butter oder Käse vermischen. Die runden Blätter schmecken ähnlich scharf und erfrischend wie Kresse.

Die hängende, kriechende oder kletternde einjährige Pflanze gedeiht an sonnigen Orten auf leichtem, sandigen Boden. Dank ihrer Blühfreudigkeit eignet sie sich gut für Fenster und Balkon sowie für Behälter; außerdem hält sie Fliegen ab. Kapuzinerkresse gibt es in verschiedenen rankenden und nicht rankenden, halbgefüllten Sorten und Zwergsorten; und es gibt eine Kreuzung mit grüngelben Blättern.

> Kapuzinerkresse stammt aus Südamerika. Die Konquistadoren brachten sie im 16. Jahrhundert nach Europa.

Mai

29

Kapuzinerkresse ist reich an Vitamin C und wurde früher als Heilmittel gegen Skorbut gegessen.

30

31

Kapuzinerkresse wirkt schleimlösend und beruhigend bei Hustenreiz. Außerdem enthält sie antibiotische Substanzen.

Schwimmende Kerzen

Eine Schale mit schwimmenden Duftkerzen und Kapuzinerkresse ist ein sehr eleganter Tischschmuck. Kaufen Sie kleine schwimmende Kerzen in den Farben der Kapuzinerblüten.

Füllen Sie eine dekorative Glasschale halb mit Wasser und lassen Sie die Blumen und Kerzen darauf schwimmen. Die Zwischenräume füllen Sie mit kleinen grünen Kapuzinerblättern, so daß möglichst die ganze Wasseroberfläche bedeckt ist. Die Kerzen brennen nicht sehr lange. Zünden Sie sie erst an, wenn sich Ihre Gäste an den Tisch setzen.

Statt Kapuzinerkresse können Sie auch Ringelblumen, Borretschblüten oder grüne Blätter verwenden. Man kann auch an jeden Platz eine kleine Schale stellen und sie mit einer Kerze und einigen Blättern dekorieren. Plazieren Sie die Schälchen so, daß niemand mit dem Ärmel an die Flamme kommt.

Eingelegte Kapuzinerkresse

Die eingelegten Schoten der Kapuzinerkresse sind ein guter Ersatz für Kapern und können in Saucen oder als Garnierung für pikante Speisen verwendet werden. Man sammelt sie in der zweiten Sommerhälfte an trockenen Tagen.

Für ein Halbliterglas voll Kapuzinerschoten braucht man ½ l Wein oder Apfelessig, 25 g Salz, 6 Pfefferkörner. Die Schoten trocken mit Essig und Gewürzen in ein Glas geben und vor der Verwendung mehrere Wochen stehen lassen.

Für Kapuzinerkresse-Essig füllt man einen Krug mit weiter Öffnung mit Weißweinessig und Kapuzinerblüten. Mehrere Wochen an einem warmen, aber nicht sonnigen Ort stehen lassen, bis der Essig die Farbe der Blüten angenommen hat. Den Essig abseihen und als besondere Würze zu Salatsaucen verwenden.

> In der französischen Küche werden Kapuzinerkresseblüten und -blätter wie Weinblätter verwendet und süß oder pikant gefüllt.

Juni

Liebstöckel

Liebstöckel (Levisticum officinale) ist eine große Staude, die bis zu 2,5 m hoch wird. Sie hat große, geteilte Blätter, im Spätsommer kleine grüngelbe Blüten und gedeiht in sonniger Lage und feuchter Erde.

Die Blätter ähneln denen von Engelwurz und Sellerie und sollten wegen ihres intensiven Hefegeschmacks nur sparsam bei Fleisch und Gemüse verwendet werden. Die jungen Blätter können gedünstet als Gemüse gegessen oder roh an Salate gegeben werden.

Im 14. Jahrhundert wurde Liebstöckel vorwiegend wegen seines angenehmen Aromas für medizinische Zwecke verwendet. Es ist eines der wenigen Kräuter, um das sich weder Mythen noch Legenden ranken.

Juni

1

2

In der mediterranen Küche werden Brot, Kuchen und Kleingebäck mit zerstoßenen Liebstöckelsamen gewürzt.

3

4

5

Fleisch bekommt einen besseren Geschmack, wenn man es mit Liebstöckelblättern einreibt.

6

7

Forelle mit Liebstöckel und Joghurtsauce

Für 4 Personen

Dieses Gericht braucht nur 10 Minuten Vorbereitung und knapp 20 Minuten Garzeit in der Mikrowelle. Trotzdem ist es etwas Besonderes, um Gäste zu verwöhnen.

15 g Butter
60 g Mandelsplitter
1 Tl Selleriesamen
2 El gehacktes frisches Liebstöckel
4 mittelgroße Forellen, gesäubert
Salz, gemahlener schwarzer Pfeffer
1 El Stärkemehl
1,5 dl Joghurt

1 Butter, Mandeln und Selleriesamen in einer flachen Schüssel ohne Deckel 4 bis 8 Minuten auf HOCH kochen und häufig umrühren, bis die Mandeln anfangen zu bräunen. Beiseite stellen.

2 Die Fische mit der Hälfte des gehackten Liebstöckels füllen und mit Salz und Pfeffer würzen.

3 Die Fische Kopf an Schwanz in eine flache Schüssel legen und 6 bis 8 Minuten auf HOCH garen; nach der halben Garzeit umdrehen. Beiseite stellen und warmhalten.

4 Stärkemehl mit etwas Joghurt in einer kleinen Schüssel anrühren, dann den übrigen Joghurt zugeben. Unter häufigem Rühren 2 bis 4 Minuten auf HOCH kochen, bis die Sauce andickt. Das restliche Liebstöckel unterrühren.

5 Forellen mit der Sauce begießen, mit den gebräunten Mandeln garnieren.

Rainfarn

Rainfarn (Chrysanthemum vulgare) *ist eine Staude mit aromatischen Blättern und gelben Blütenknöpfen an einer Doldenrispe. Er hat einen scharfen, bitteren, doch nicht unangenehmen Geschmack, wird 100 bis 125 cm hoch und wächst überall, auch wild an Wegrändern, Dämmen und Flußufern. Kühe und Schafe fressen Rainfarn, doch Pferde und Ziegen rühren ihn nicht an.*

Heute wird Rainfarn hauptsächlich als Zierpflanze angebaut, früher war er jedoch ein beliebtes Gewürz- und Wurmkraut, und die getrockneten Sträuße benutzte man, um Mücken und Flöhe aus Wohnräumen und Hundehütten zu vertreiben.

Vor allem zu Ostern nach der langen Fastenzeit backte man Kuchen mit Rainfarn und aß die jungen Blätter, um den Körper innerlich zu reinigen und besser zu riechen.

Die heilige Hildegard erwähnte Rainfarn bereits als heilige Pflanze und als Gewürz für Fleisch und Kuchen.

Juni

8

9

10

11

Im Mittelalter verwendete man Rainfarn gegen Würmer und Frauenleiden, Kopfläuse und Flöhe.

12

13

14

In Finnland verwendet man Rainfarn zur Herstellung von grüner Farbe.

Duftkissen für Schubladen

Diese schmalen Kissenhüllen werden mit einer duftenden Mischung aus Kräutern, die vor Motten schützen, gefüllt, z.B. mit Rainfarn und Eberraute und, wegen des Dufts, Lavendel. Man kann sie besticken oder aus einem hübsch geblümten Baumwollstoff nähen.

Sie brauchen dazu:

15 x 25 cm Stoff
7,5 x 25 cm Wattierung
Getrocknete Kräuter

1 Stoff der Länge nach falten und rechts auf rechts legen. Die Wattierung wie abgebildet auf die untere Seite stecken.

2 Die kurzen Seitennähte zusammennähen und überstehende Wattierung abschneiden.

3 Auf rechts wenden. Kräuter in die Kissen füllen und gleichmäßig verteilen. Die dritte Naht schließen.

Rhabarber mit Rainfarn

Ergibt 4 Portionen

Seit alters her wurde Rhabarber mit Rainfarn zubereitet.

500 g Rhabarber, geputzt und in 2,5 cm lange Stücke geschnitten
1 Prise gemahlener Ingwer
4 El Wasser
2 Eier, getrennt
2 Tl gehackter Rainfarn
Saft und Schale einer Zitrone
100 g Zucker
1,5 dl Schlagsahne

1 Rhabarber mit Ingwer und Wasser in einer großen Schüssel 10 bis 12 Minuten im Mikrowellenherd auf HOCH weich kochen; dabei zweimal umrühren.

2 Eigelb, Rainfarn, Zitronensaft und abgeriebene Schale einrühren und pürieren.

3 Eiweiß schlagen, dabei den Zucker einrieseln lassen.

4 Sahne steif schlagen und unter die Rhabarbermischung heben. Anschließend die Eiweißmasse untermischen und in Gläser füllen. Kalt stellen. Mit Löffelbiskuits servieren.

> Rainfarn ist eines der bitteren Kräuter, die beim jüdischen Passahfest gegessen werden.

Sommerbohnen-kraut

Das Sommerbohnenkraut (Satureja hortensis) wird nur 15 bis 30 cm hoch. Es ist eine krautige Pflanze mit schmalen Blättchen und zarten blauen und weißen Blüten. Das aus dem Mittelmeerraum stammende Kraut wächst am besten in lockerem, nährstoffreichen Boden und braucht viel Sonne. Es duftet aromatisch und paßt dank seines scharfen Geschmacks gut zu Fisch, Fleisch und Eiern sowie zu Bohnen und Erbsen. Schon im Altertum war es bei Griechen und Römern sehr beliebt, die es zu Saucen für Fleisch und Fisch verwendeten und zum Würzen von Essig.

Juni

15

16

17

18

Winter- und Sommerbohnenkraut hielt man früher wegen ihrer anregenden Wirkung für Aphrodisiaka.

19

20

21

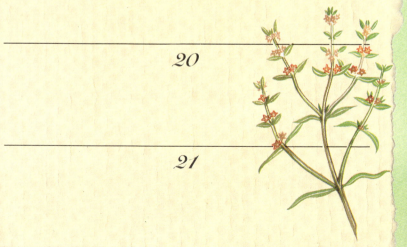

Apfelkompott mit Sommerbohnenkraut

Ergibt 4 Portionen

Servieren Sie dieses erfrischende Dessert warm oder kalt mit Schlagsahne. Verwenden Sie Äpfel, die beim Kochen nicht zerfallen.

700 g Äpfel
1 Zimtstange
3 Nelken
Zucker nach Geschmack
2 Tl gehacktes Sommerbohnenkraut
4 El Weißwein
Schlagsahne

1 Äpfel schälen, entkernen und in dicke Spalten schneiden. Mit Zucker und Gewürzen in einen schweren Topf geben, mit Wasser bedecken und langsam 10 bis 15 Minuten kochen, bis die Äpfel weich und etwas glasig sind. Nicht sprudelnd kochen, da sie sonst zerfallen.

2 Äpfel in eine Servierschüssel geben. Zimt und Nelken entfernen.

3 Wein und gehacktes Bohnenkraut mit dem Saft langsam aufkochen und gelegentlich umrühren. Den Sirup 2 Minuten einkochen und über die Äpfel gießen.

> Vergil nennt das Bohnenkraut eines der wohlriechendsten Kräuter. Bevor Gewürze aus Indien und Südasien nach Europa kamen, wurde es viel als Speisewürze verwendet.

Neue Kartoffeln mit Käse und Sommerbohnenkraut

Ergibt 4 bis 5 Portionen

Bei diesem Rezept wird Bel Paese verwendet, ein italienischer Weichkäse mit mildem, fruchtigen Geschmack.

1 kg neue Kartoffeln, gebürstet, aber ungeschält
200 g Bel Paese
5 bis 7 El Milch oder Sahne
Salz, frisch gemahlener schwarzer Pfeffer
Gehacktes Sommerbohnenkraut

1 Kartoffeln garen. Abgießen und große Kartoffeln halbieren.

2 Käse und Milch oder Sahne mischen. Wenn die Mischung zu dickflüssig ist, Milch oder Sahne nachgießen. Salz und Pfeffer unterrühren und die Kartoffeln dazugeben. Umrühren.

3 Bohnenkraut darüberstreuen und sofort servieren.

> «Seine Wangen sind wie Balsambeete, in denen Gewürzkräuter wachsen.»
>
> *Hoheslied 5*

Zitronenminze

Die wohlriechende, rosa blühende Zitronenminze (Mentha citrata) heißt auch Orangenminze, Bergamotteminze oder Lavendelminze. Sie wird 50 cm hoch und breitet sich rigoros über und unter der Erde aus. Pflanzen Sie diese Minze deshalb am besten in einen Topf. An einem sonnigen Platz entwickelt sie ihren charakteristischen Duft und dunkellila gefärbte Blätter. Im Schatten bleiben die Blätter mehr grün.

Getrocknet ist sie ideal für Duftkissen, weil sie besser riecht als schmeckt. Man kann sie auch zum Würzen von Essig verwenden.

Juni

22

23

24

«Ein kleiner Pfad, ganz Minzenduft und Fenchelgrün.»
Geoffrey Chaucer

25

26

Alle Minzen enthalten ätherische Öle, die destilliert werden können.

27

28

Kräutersträußchen

Frische Kräutersträußchen aus dem Garten sind ein hübsches Geschenk. Sammeln Sie verschiedene grüne und blühende Kräuter, die Sie dekorativ angeordnet mit einem passenden Band zu einem Strauß binden. Solche kleinen Sträuße sind auch reizende Brautjungfernbukette für eine Hochzeit auf dem Land.

Guajaven-Minzen-Sorbet

Ergibt 4 bis 6 Portionen

Als leichter Nachtisch ist ein Sorbet unübertroffen. Der exotische Geschmack der Guajaven paßt gut zu Minze. Das Sorbet hält sich im Gefrierschrank bis zu drei Monaten.

4 reife Guajaven
180 g Zucker
2,8 dl Wasser
2 El gehackte frische Minze
1 Limone
1 Eiweiß
Frische Minzenblätter zum Garnieren

1 Zucker und Wasser in einem schweren Topf langsam aufkochen. Wenn die Mischung klar ist, 30 Sekunden sprudelnd kochen. Auf Zimmertemperatur abkühlen, dann in den Kühlschrank stellen.

2 Guajaven halbieren und Fruchtfleisch herausnehmen. Schalen und Kerne entfernen und die Frucht pürieren. Minze und kalten Zuckersirup dazugeben. Mit Limonensaft abschmecken.

3 Die Mischung in einer flachen Schale halbfest gefrieren. Im Mixer pürieren, um die Eiskristalle zu zerkleinern. Erneut gefrieren lassen.

4 Eiweiß steif schlagen. Das Sorbet wieder pürieren. Eiweiß darunterheben. Ein- oder zweimal durchmischen und wieder gefrieren, bis es fest ist.

5 15 Minuten vor dem Servieren aus dem Gefrierfach nehmen und ins Kühlfach stellen. In Schalen mit Minzenblättern garniert servieren.

Ringelblume

Juni

29

»Hier habt ihr Blumen! Lavendel, Minze, Salbei, Majoran,
Die Ringelblum', die mit der Sonn' entschläft...«

Das Wintermärchen
Shakespeare

30

Ein Aufguß aus Ringelblumen ist
eine Wohltat für schmerzende Füße.

Die robuste, einjährige Ringelblume (Calendula officinalis) wird aus Samen gezogen und ist mit ihren leuchtendroten und gelben Blüten besonders in Bauerngärten häufig anzutreffen. Sie liebt Sonne und feuchten, nährstoffreichen Boden, gedeiht aber auch am Fenster, in Containern oder im Wintergarten. Entspitzen Sie häufig die Triebe, damit die Pflanze viele Blüten treibt.

Ihren botanischen Namen erhielt die Ringelblume, weil sie angeblich an den Kalenden (jeweils der erste Tag der altrömischen Monate) blüht. Mit den gehackten Blüten bestreut man Salate sowie Reis- und Eiergerichte; sie können auch als Ersatz für Safran oder zum Süßen von Flammeris und Aufläufen verwendet werden.

Eine Ringelblume auf einen Bienen- oder Wespenstich gedrückt soll den Schmerz lindern.

Aus einem Rezept des 17. Jahrhunderts:
»Mit Zucker eingemachte Ringelblumen morgens auf nüchternen Magen eingenommen heilt das Zittern des Herzens.«

Gemischter Kräutertee

Stellen Sie aus Ihren Lieblingskräutern eine Teemischung zusammen. Dabei können Sie auch Kräuter verwenden, die für sich genommen als Aufguß zu streng schmecken würden. Probieren Sie verschiedene Kombinationen aus, bis Sie die für Ihren Geschmack angenehmste Mischung gefunden haben. Die meisten Kräutertees sollten 4 bis 5 Minuten ziehen und können mit Honig gesüßt werden. Der hier abgebildete Tee enthält Minze, Lavendel, Ringelblume, Rosenblätter und getrocknete Orangenschale.

Potpourri-Kissen

Hängen Sie dieses zart duftende Kissen einfach über einen Bügel in Ihren Kleiderschrank, und es wird Ihren Sachen einen angenehmen Duft verleihen. Alles, was Sie dazu brauchen, ist ein wenig Stoff, Wattierung und etwas duftendes Kräuterallerlei. Wählen Sie einen Stoff, der farblich zu dem Potpourri paßt. Die gelbe Mischung hier enthält Ringelblumenblüten sowie Blätter von Zitroneneisenkraut, Zitronenmelisse und Zitronenminze.

Sie brauchen dazu:

2 Stoffquadrate, 12 x 12 cm
18 cm Spitze
Tüll, 12 x 12 cm
15 cm Band
Synthetische Watte
Kräuterpotpourri

1 Den Tüll diagonal durchschneiden (das übrige Tülldreieck kann für ein zweites Kissen verwendet werden).

2 Tüll auf die rechte Seite eines der Stoffquadrate stecken. Die Spitze diagonal daraufstecken, so daß die Spitzenkante ca. 5 mm über dem Tüll liegt.

3 Spitze und Tüll mit zwei Nähten jeweils dicht am Rand aufnähen.

4 Die zwei Stoffquadrate rechts auf rechts legen mit dem Tüll und der Spitze dazwischen. Feststecken und an einer der Tüllseiten zusammennähen.

5 Die Tülltasche mit Potpourri füllen.

6 Die Stoffquadrate wieder rechts auf rechts legen. Sorgfältig stecken. An der zweiten Tüllseite zunähen (um die Potpourritasche zu schließen), dann eine dritte Seite schließen.

7 Das Kissen auf rechts wenden und polstern. Die letzte Naht schließen, dabei an einer Ecke das Band zum Aufhängen einnähen.

Juli

Römischer Ampfer

Der Römische Ampfer (Rumex scutatus) ist eine Gebirgspflanze Mittel- und Südeuropas sowie des westlichen Asiens. Seine kleinen Blätter sind ebenso breit wie lang. Er gehört zu den Knöterichgewächsen und wächst als Gewirr von Stengeln und Blättern bis zu 45 cm hoch. Der Römische Ampfer schmeckt säuerlicher als andere Varietäten und wird deshalb häufig und besonders in der französischen Küche verwendet, wo man ihn als Suppe zubereitet. Er bevorzugt einen schattigen Platz und gute Erde und treibt grünliche bis rosa Blüten.

Juli

1

2

Der stumpfblättrige Ampfer, der Krausampfer und der in Gärten gepflanzte Englische Spinat werden in der Pflanzenheilkunde verwendet.

3

4

5

6

«Goldenes Korn, leuchtende Früchte, duftende Kräuter, und sie wachsen für alle.»
Edward Arnold

7

Bouquets Garnis

Bouquets garnis sind Sträußchen aus frischen Kräutern, die zum Würzen in Brühe, Eintöpfen, Gemüsen und Suppen mitgekocht werden. Das klassische Bouquet garni besteht aus Petersilie, Thymian und einem Lorbeerblatt, wobei man doppelt so viel Petersilie wie Thymian nimmt. Das Sträußchen ist mit einem langen Faden zusammengebunden, so daß es am Henkel des Topfs befestigt werden und nach dem Kochen leicht herausgenommen werden kann.

Man kann nach dem gleichen Verfahren auch gehackte Kräuter in einem Musselinsäckchen mitkochen und sie mit anderen Gewürzen wie Zitronenschale oder Knoblauchzehen ergänzen.

Kräutersträußchen kann man nach Geschmack und für spezielle Gerichte zusammenstellen. Hier einige gute Kombinationen:

Petersilie, Schnittlauch, Thymian (für Geflügel)

Petersilie, Rosmarin, Lorbeer, Wacholder (für Wild)

Petersilie, Lorbeer, Zitronenthymian (für Lamm)

Petersilie, Lorbeer, Salbei, Majoran, Zitronenschale (für Lamm)

Petersilie, Lorbeer, Thymian, Zitronenschale (für Schweinefleisch)

Petersilie, Lorbeer, Thymian, Nelken (für Rindfleisch)

Waterzoi

Ergibt 4 bis 6 Portionen

Diese holländische Fischsuppe ist im Mikrowellenherd leicht zuzubereiten. Die Brühe wird mit einem Petersilie-Lorbeer-Thymian-Bouquet gewürzt. Man kann sie im voraus zubereiten und einfrieren.

500 g weißer Seefisch oder Süßwasserfisch wie Hecht oder Flußbarsch; Köpfe, Haut und Gräten zurückbehalten
Bouquet garni
6 schwarze Pfefferkörner
1 El Zitronensaft
2 Schalotten, fein gehackt
1,5 dl trockener Weißwein
120 g Karotten, in Scheibchen
2 Stangen Sellerie, in Scheibchen
2 Stangen Lauch, in dünnen Scheiben
Salz, gemahlener schwarzer Pfeffer
2 dl Sahne
3 El gehackte Petersilie zum Garnieren

1 Fischabgänge mit 4 dl Wasser, Bouquet garni, Pfefferkörnern und Zitronensaft in einer tiefen Schüssel in der Mikrowelle auf HOCH 10 Minuten kochen. Dann abseihen.

2 Kräutersträußchen und Fischabgänge wegwerfen.

3 Fischbrühe, Wein, Schalotten, Karotten, Sellerie und Lauch in einer großen Schüssel locker zugedeckt ca. 6 Minuten auf HOCH kochen, bis das Gemüse fast gar ist.

4 Fisch in 5 cm große Stücke schneiden und in die Schüssel geben, mit Salz und Pfeffer würzen und zugedeckt weitere 6 bis 8 Minuten auf HOCH kochen.

5 Sahne unterrühren. Suppe 2 Minuten ziehen lassen.

6 Vor dem Servieren jede Portion mit gehackter Petersilie bestreuen. Die Suppe sollte dünnflüssig sein.

Zitronenmelisse

Die Zitronenmelisse (Melissa officinalis) *ist eine 60 bis 100 cm hoch wachsende Staude, deren hellgrüne Blätter nach Zitrone schmecken und riechen. Ihr Name (*melissa *ist das griechische Wort für Biene) weist darauf hin, daß sie zu den besten Bienenfutterpflanzen zählt. Sie wächst in jeder Erde bei Sonne oder Halbschatten und hat den ganzen Sommer lang hellgelbe oder weiße Blüten. Zitronenmelisse wird frisch gehackt an Salate, Suppen und Eierspeisen gegeben und paßt auch gut zu Fisch. Die grünen Blätter ergeben einen erfrischenden Tee, der entweder heiß mit einem Löffel Honig oder kalt auf Eiswürfeln oder kombiniert mit Salbei (s. Rezept) serviert werden kann. Getrocknet eignen sie sich hervorragend für Potpourris, weil sie ihren Duft behalten.*

Juli

8

Vergil und Plinius berichten, daß Zitronenmelisse zum Ausreiben von Bienenstöcken benutzt wurde.

9

10

11

Melissentee hilft angeblich bei Erkältungen, weil er zum Schwitzen anregt.

12

13

14

Die Araber rühmten die Melisse im 10. Jahrhundert als herzstärkend und als Mittel gegen Melancholie.

Salbei-Melissen-Tee

Für einen erfrischenden Tee überbrühen Sie 2 Tl frischen Salbei, 2 Tl frische Zitronenmelisse, 3 Tl Zucker und 2 Zitronenspalten mit 6 dl Wasser. Nach fünf Minuten abseihen, abkühlen lassen und 1,5 dl Weißwein dazugeben.

Für glückliche Kühe

Zitronenmelisse auf Wiesen und Weiden bewirkt angeblich, daß die Kühe mehr Milch geben. Ein Absud aus Melisse und Majoran hilft den Kühen nach dem Kalben, wieder zu Kräften zu kommen, und beruhigt sie.

Orangen mit Zitronenmelisse

Ergibt 4 Portionen

Zitronenmelisse ist die ideale Kräuterzutat für Orangen mit Grand Marnier.

4 Orangen
1,5 dl süßen Weißwein
1 bis 2 El Honig
1 El Grand Marnier
1 Tl gehackte Melissenblätter
Ganze Melissenblätter zum Garnieren

1 Orangen schälen, in Scheiben schneiden und auf einer Schale anrichten.

2 Wein, Honig und Grand Marnier in einer kleinen Schüssel vermischen. Zitronenmelisse unterrühren und 2 Minuten in der Mikrowelle auf HOCH erwärmen.

3 Umrühren, damit sich der Honig auflöst. Auf HALB 5 Minuten sirupartig einkochen lassen.

4 Über die Orangen gießen und gut kühlen. Mit ganzen Melissenblättern garnieren.

»Allmorgendlich ein Extrakt aus Zitronenmelisse in süßem kanarischen Weißwein hält jung, stärkt das Gehirn, fördert die Verdauung und verhindert Haarausfall.«
Apothekerweisheit, 1696

Glatte Petersilie

Die glatte Petersilie (Petroselinum crispum) wird hauptsächlich als Würzkraut angebaut, während man ihre krause Cousine mehr zum Garnieren nimmt. Sie enthält viel Vitamin C und läßt sich besser einfrieren als trocknen. Die glatte Petersilie gedeiht in sonniger Lage in feuchter, gut gedüngter Erde sowie in Töpfen im Freien wie im Haus. Es gibt sie in mehreren Varietäten, als Zwergpflanzen und bis zu 60 cm und höher wachsende Arten.

Nach altem Brauch wird Petersilie am Karfreitag gesät, weil dann die Erde gegen die Mächte des Satans gefeit ist; dieser günstige Umstand soll ihr langsames Keimen beschleunigen. Außerdem soll es Unglück bringen, Petersilie zu verschenken, besonders mit der Wurzel. Vielleicht zeigen Sie dem, der etwas Petersilie von Ihnen möchte, lieber die Stelle, wo sie wächst, damit er oder sie sich selbst bedient.

> Petersilie absorbiert andere Gerüche. Wenn Sie nach dem Fritieren von Fisch oder Meeresfrüchten etwas Petersilie in das brutzelnde Öl geben, wird der Fischgeruch verschwinden.

Juli

15

16

Heißer Petersilientee wirkt belebend und befreit angeblich von Rheumatismus.

17

18

19

20

21

Kräutersenf

Stellen Sie Ihre eigene Senfmischung her, indem Sie verschiedene frische Kräuter darunterrühren. Der Senf soll möglichst kurz nach der Zubereitung verwendet werden.

Käsebällchen mit Kräutern

Diese dekorativen Käsebällchen passen ideal auf eine Käseplatte. Servieren Sie sie auf Weinblättern und mit Trauben.

Mischen Sie 225 g fettarmen Weichkäse mit 100 g fein geriebenem Cheshire und 3 El fein gehackten Kräutern wie Petersilie, Schnittlauch oder Basilikum. Im Kühlschrank fest werden lassen. Mit feuchten Händen Bällchen von ca. 2,5 cm Durchmesser formen und in gehackten Kräutern wälzen. Bis zum Servieren kalt stellen.

Senf mit gemischten Kräutern

50 g Senfpulver
1 ½ Tl Zucker
½ Tl Salz
½ dl Apfelessig
3 Tl gehackte frische Petersilie
3 Tl gehackter frischer Thymian
½ dl Olivenöl

Alle Zutaten bis auf das Olivenöl im Mixer verrühren. Wenn sich der Zucker aufgelöst hat, langsam das Öl zugeben und rühren, bis es sich mit dem Senf vermischt hat.

Schnittlauch

Schnittlauch (Allium schoenoprasum) *ist eines der gebräuchlichsten Kräuter und wird oft zum Garnieren verwendet. Er ist das kleinste Mitglied der Zwiebelfamilie und war schon im römischen Altertum bekannt. Die hellgrünen, zylindrischen Stiele tragen im Sommer große rosa oder lilafarbene Blütenkugeln. Soll der Schnittlauch mehr zum Würzen als zum Dekorieren verwendet werden, schneiden Sie die Blüten ab, um den Zwiebelgeschmack der Blätter zu erhalten.*

Schnittlauch bevorzugt nährstoffreiche, feuchte Erde und Sonne. Er eignet sich gut als Topfpflanze, weil er nur 15 bis 25 cm hoch wird, muß aber regelmäßig gegossen werden. Schnittlauch ist eine winterharte Pflanze. Die Zwiebelstöcke können im Frühjahr oder Herbst ausgegraben und geteilt werden.

Juli

22

»…und allen Koriander und Schnittlauch kauft' ich auf dem Markt zusammen und gab's den Armen gratis, ihre Fische zu würzen.«

Die Ritter
Aristophanes

23

24

25

26

27

Schnittlauch rings um die Wurzeln des Apfelbaums gepflanzt stärkt die Gesundheit des Baums.

28

Heißer Tomatensalat

Ergibt 4 Portionen

Dieses Mikrowellenrezept ist im Handumdrehen zubereitet; es ist ein Genuß für Auge und Gaumen als Vorspeise wie als Beilage zu gegrilltem Fisch oder Huhn. Als kleine warme Mahlzeit servieren Sie den Salat mit Weißbrot und Käse. Statt Basilikum können Sie auch andere Kräuter, z.B. Majoran, verwenden. Achten Sie darauf, daß die Tomaten nicht verkochen und zerfallen.

2 große Fleischtomaten (insgesamt ca. 600 g)
3 El Olivenöl
1 El Apfelessig
1 Tl gehackter Schnittlauch
1 Tl grob gehacktes Basilikum
½ TL Senfkörner

1 Tomatenscheiben auf einer für Mikrowelle geeigneten Servierplatte beziehungsweise vier kleineren Tellern anrichten.

2 Öl, Essig, Senfkörner und Kräuter in einem Kännchen vermischen und über die Tomaten gießen.

3 Auf HOCH 2 bis 3 Minuten erhitzen, aber nicht kochen. Wenn Sie Einzelteller benutzen, stellen Sie sie kreisförmig in die Mikrowelle. Während des Kochvorgangs mehrmals den Garzustand der Tomaten prüfen und sie mit Dressing bestreichen. Sofort servieren.

Zitronen-Schnittlauch-Butter

Vermischen Sie 120 g Butter mit 1 El Schnittlauch, dem Abgeriebenen einer Viertelzitrone und einigen Tropfen Zitronensaft. Sie würzen damit neue Kartoffeln und gedünstetes Gemüse oder zaubern mit Weißbrot einen schmackhaften Imbiß.

Lavendel

Lavendel (Lavandula angustifolia) ist der Duft des 19. Jahrhunderts. Unter den zahlreichen Varietäten sind der blauviolette Echte Lavendel und die hellere französische Art am beliebtesten. Der winterharte, immergrüne Strauch wird bis zu 75 cm hoch und gedeiht an einem sonnigen Ort in lockerem, auch kargem Boden. Seine Heimat sind die Mittelmeerregionen. Die Lavendelfelder in Südfrankreich sind ein atemberaubender Anblick.

Lavendel wurde früher für alle möglichen kosmetischen Zwecke verwendet. Sein angenehmer Duft wehte durch Salons und Schlafzimmer, füllte Kleider- und Wäscheschränke. Oft pflanzte man Lavendelbüsche in der Nähe der Küchentür, um Wäsche darauf zu trocknen.

Juli

29

Lavendelöl auf die Haut gerieben schützt angeblich vor Mückenstichen.

30

31

»Scharr's zu und häufle darauf 'ne Handvoll Sand und pflanze Lavendel und Thymian drauf und begieß es mit Narden.«

Der Frieden
Aristophanes

Lavendel-duftkissen

Diese wohlriechenden Kissen sind ideale Geschenke und aus Stoffresten relativ einfach zu nähen. Die abgebildeten Kissen sind in Lavendel- und Blautönen gehalten. Für ein Geschenk könnten Sie auch Stoffe in der Lieblingsfarbe des Geschenkempfängers wählen. Beide Kissen wurden als Patchwork mit verschieden großen Mittelstücken gearbeitet. Bei dem kleineren Kissen liegen die dunkleren Stoffe an zwei benachbarten Seiten, während die helleren Stoffe die gegenüberliegende Ecke bilden. Die Duftkissen können beliebig groß oder klein sein.

Sie brauchen dazu:

Stoffreste in passenden Farben
Polsterwatte
Band
Getrocknete Lavendelblüten

1 Für die Kissenmitte ein rechteckiges Stoffstück zuschneiden. An die Seiten, von innen nach außen arbeitend, andere Stoffstreifen nähen, bis die Kissenvorderseite die gewünschte Größe hat.

2 Kissenrückseite entsprechend zuschneiden. Vorder- und Rückseite rechts auf rechts legen und an drei Stellen zusammennähen.

3 Auf rechts wenden. Mit Watte und Lavendel füllen. Für ein waschbares Kissen füllen Sie den Lavendel in ein eigenes Säckchen, das Sie in das Kissen legen.

4 Die vierte Seite der Kissenhülle schließen. Bei einem größeren Kissen, das irgendwann gewaschen werden muß, könnten Sie einen Reißverschluß oder Druckknöpfe anbringen.

5 Verzieren Sie die Kissen mit Schleifchen aus passendem Band, die Sie mit einigen Stichen befestigen.

Lavendelzucker

Der mit zartem Lavendelaroma parfümierte Zucker eignet sich zum Bestreuen von Kuchen und Desserts. Füllen Sie frische oder getrocknete Lavendelblüten mit Zucker in ein Glas und lassen Sie die Mischung 1 bis 2 Wochen gut verschlossen an einem warmen Ort stehen. Gelegentlich schütteln, damit sich der Lavendel verteilt. Dann sieben Sie den Zucker, um die Lavendelblüten zu entfernen. Bewahren Sie den parfümierten Zucker in einem luftdichten Behälter auf. Für 225 g Zucker brauchen Sie entweder 30 g getrockneten oder 60 g frischen Lavendel.

> Mit Lavendel kann man auch Essig würzen sowie Honig, Süßspeisen und Speiseeis.

August

Mutterkraut

Das mehrjährige Mutterkraut (Chrysanthemum parthenium), auch als Matronenkraut, Mutterkamille und Fieberkraut bekannt, ist eine ziemlich häufige Gartenpflanze; man findet sie jedoch auch an Hecken und auf Wiesen. Sie hat gelappte, gelbe oder grüne Blätter und vom Frühsommer an gelbe und weiße Blüten, die denen der Kamille sehr ähnlich sind. Mutterkraut gedeiht auf durchlässigem, feuchten Boden in sonniger Lage und wird 45 bis 60 cm hoch. Es braucht wenig Pflege und ist äußerst blühfreudig, wird aber im Gegensatz zu anderen blühenden Kräutern von Bienen gemieden.

Die Blätter des Mutterkrauts werden wegen ihres bitteren Geschmacks selten in der Küche verwendet. Sie sind jedoch ein wirksames Heilmittel gegen Kopfschmerzen und Migräne.

August

1

2

Mutterkraut um das Haus gepflanzt
soll Krankheiten abwehren.

3

4

Mutterkraut um die Handgelenke gewickelt
senkt angeblich das Fieber.

5

6

7

Kräuteröle

Kräuteröle sind leicht herzustellen, hübsch anzusehen, nützlich in der Küche und geeignete Geschenke für unternehmungslustige Köchinnen. Die Korken kann man zusätzlich mit Wachs versiegeln.

Kaufen Sie kaltgepreßtes Olivenöl, aber auch Sonnenblumen-, Distel- oder Erdnußöl sind geeignet. Gießen Sie etwas Öl aus der Flasche in ein Kännchen, und geben Sie die gewünschten Kräuter in die Flasche. Die Flasche mit dem abgenommenen Öl auffüllen, verschließen und beschriften. Mehrere Wochen an einem warmen Ort aufbewahren, damit das Öl das Kräuteraroma aufnimmt. Danach das Öl abseihen, in die saubere Flasche zurückgießen, verschließen und kühl aufbewahren.

Erfinden Sie mit Ihren Lieblingskräutern eigene Rezepte für Kräuteröle. Folgende Kräuter sind für diesen Zweck besonders zu empfehlen: Basilikum, Dill, Fenchel, Kerbel, Lavendel, Liebstöckel, Lorbeer, Majoran, Minze, Petersilie, Rosmarin, Salbei, Thymian.

Sie können auch Knoblauch, bunte Pfefferkörner, frischen Chili, Pimentkörner, Wacholderbeeren und Streifen von Orangen- oder Zitronenschale hinzufügen. Basilikum gibt man zerstoßen in das Öl, damit es sein Aroma abgeben kann.

Schafskäse in Öl

Statt Schafskäse kann man auch Ziegenkäse verwenden. Beide sind weiß und krümelig, haben einen scharfen Geschmack und werden häufig zerbröckelt oder gewürfelt mit schwarzen Oliven in einem griechischen Salat serviert. In Öl und Kräuter eingelegt gewinnen sie an Geschmack.

Geben Sie gleich große Käsewürfel in ein Glas mit weiter Öffnung und füllen Sie es mit Olivenöl, bis der Käse bedeckt ist. Geben Sie mehrere Zweiglein Rosmarin, rote Paprikastückchen, eine Knoblauchzehe und etliche Pfefferkörner dazu. Wenn der Käse aufgebraucht ist, verwenden Sie das Öl zum Kochen.

Kräuterkäse

Joghurt und frische Kräuter (hier sind es Estragon und Schnittlauch) sind die Zutaten für einen selbstgemachten Käse.

450 g magerer Joghurt
½ Tl Salz
2 Tl frische gehackte Kräuter
1 Knoblauchzehe, zerdrückt
Frisch gemahlener schwarzer Pfeffer
2 Tl Olivenöl

1 Ein Plastiksieb auslegen und eine große Schüssel darunterstellen. Joghurt mit Salz vermischt in das Sieb gießen. Sieb und Schüssel in den Kühlschrank stellen, bis der Joghurt fest und die Molke abgetropft ist.

2 Joghurt mit Kräutern, Knoblauch und Gewürzen in einer Schüssel verrühren, in ein Serviergefäß füllen und mit Öl beträufeln.

Silberthymian

Silberthymian (Thymus x citriodorus «Silver Queen») verdankt seinen Namen seinen silbriggrauen Blättern. Er ist einer der ausdauerndsten Thymianarten, der im Sommer duftende lila Blüten treibt und bis zu 10 cm hoch wird.

Zu der großen Thymianfamilie mit ihren mehr als 60 europäischen Arten gehören Varietäten, die zum Teil bezeichnende Namen haben wie der Orangen- und Kümmelthymian, der Kriechende, Echte und Wilde Thymian.

Im alten Rom schrieb man dem Wilden Thymian belebende Eigenschaften zu und verordnete ihn Menschen, die unter Depressionen litten. Das aus dem Echten Thymian gewonnene Thymol wurde früher als Desinfektionsmittel verwendet, da es stärker und weniger hautreizend war als Karbol.

August

8

9

10

11

12

Im 16. Jahrhundert glaubte man, Thymian heile Ischias und Kopfschmerzen.

13

14

Häufig würzt man in Öl eingelegte Oliven mit einigen Zweiglein Thymian.

Pilaw mit Kräutern

Frische Kräuter geben diesem Gericht seinen Pfiff. Servieren Sie den Pilaw zu Fleisch, Geflügel oder Wild.

2 El Öl
2 El Butter
200 g Langkornreis
6,5 dl kochendes Wasser
1 Prise Salz und frisch gemahlener schwarzer Pfeffer
100 g frische, fein gehackte Kräuter (Petersilie, Thymian, Majoran, Basilikum)
1 kleiner Bund Frühlingszwiebeln, fein gehackt

1 Öl in einem Topf mit kräftigem Boden erhitzen. Butter dazugeben. Reis in die aufschäumende Butter rühren und bei mäßiger Hitze ca. 2 Minuten schwenken.

Ein Sommerstrohhut

Verwandeln Sie einen schlichten Strohhut in eine elegante Kopfbedeckung, die sich zum Beispiel für eine Hochzeit im Sommer eignet. Nehmen Sie Blätter und Blüten von Kräutern, die farblich zu Ihren Sachen passen. Bei dem abgebildeten Hut wurden Petersilie, Dill und Mutterkraut verwendet. Dekorieren Sie den Hut nicht zu weit im voraus, damit die Kräuter nicht welken.

1 Die Kräuter mit möglichst langen Stielen pflücken und bis zum Gebrauch ins Wasser stellen.

2 Kleine Kräuterbüschel an den unteren Rand des Kopfteils legen und mit Nadel und Faden befestigen. Dabei von der Innenseite des Huts nach außen stechen, Faden um die Stiele legen und die Nadel durch das Strohgeflecht wieder auf die Innenseite bringen, wo der Faden fest verknotet wird.

3 Man kann auch ein breites Band in der passenden Farbe um das untere Kopfteil heften und die Kräutersträußchen darauf nähen.

4 Die Kräuter immer in einer Richtung anlegen, damit die Blüten und Blätter des einen Büschels die Stiele des Büschels davor verdecken.

5 Legen Sie den Hut bis zum Tragen an einen kühlen Ort.

2 Wenn der Reis glasig wird, Wasser, Salz und Pfeffer dazugeben und unter gelegentlichem Umrühren zum Kochen bringen.

3 Den Reis zugedeckt und bei geringer Hitze ungefähr 20 Minuten weich kochen. Bei Bedarf etwas Flüssigkeit nachfüllen oder nach dem Garen abgießen.

4 Kräuter und Frühlingszwiebeln unter den Reis rühren. Vor dem Servieren ca. 5 Minuten zugedeckt im Topf ruhen lassen.

Katzenminze

Katzenminze (Nepeta cataria) oder Katzenkraut gehört zur selben botanischen Familie wie Minze und Nessel. Sie ist in Europa und Asien zu Hause und gedeiht überall, wo sie kalkhaltigen Boden findet, an Schutthalden, Feldrainen und Straßenrändern. Sie wird 60 bis 90 cm hoch, hat graugrüne Blätter und von Juni bis September weiße oder rötliche Blüten.

Sie riecht ähnlich wie Poleiminze. Der Geruch der zerdrückten Blätter übt eine besondere Anziehungskraft auf Katzen aus, und häufig füllt man getrocknete Katzenkrautblätter in kleines weiches Spielzeug für junge Kätzchen.

Die Blätter sind reich an Vitamin C und ergeben einen erfrischenden Tee. Die jungen grünen Sprossen können gehackt an Salate gegeben werden.

August

15

16

Frische Minzeblätter zerkaut sind eine erste Hilfe bei Zahnschmerzen.

17

18

19

20

Ein Löffel eingemachte junge Sproßspitzen der Katzenminze vor dem Schlafengehen hält Alpträume fern.

21

Duftender Kleiderbügel

Machen Sie aus einem schlichten hölzernen Kleiderbügel etwas Besonderes. Die daran befestigten Herzchen sind mit getrocknetem Lavendel gefüllt, der Ihrem Kleiderschrank einen angenehmen Duft verleiht und die Motten fernhält.

Sie brauchen dazu:

1 hölzernen Kleiderbügel
Schaumstoffstreifen
Baumwollstoff 85 x 15 cm
Getrocknete Lavendelblüten
Band
Zwei kleine Knöpfe

1 Den Kleiderbügel mit den Schaumstoffstreifen umwickeln und die Enden mit einigen Stichen festmachen.

2 Ein Stoffstück 25 x 4 cm groß zuschneiden, der Länge nach falten und auf einer Seite zunähen.

3 Den Stoff auf rechts wenden und die lange Naht mit einfachen Steppstichen schließen. Das Stoffstück reihen, indem Sie den Nähfaden leicht straffen. Die Hülle über den Kleiderbügelhaken ziehen und unten mit einigen Stichen am Schaumstoff befestigen.

4 Ein Stoffstück 60 x 15 cm zuschneiden und der Länge nach links auf links doppeln. An der offenen Längsseite 1,25 cm breite Säume umbügeln. Kurze Seitennähte schließen.

5 Stoffhülle über den Schaumstoff ziehen, so daß die offene Seite oben ist. Die oberen Säume gleichmäßig gereiht zusammenstecken und mit einem 6 mm überstehenden Rand zusammennähen.

6 Aus dem restlichen Stoff vier gleich große Herzen schneiden, jeweils zwei rechts auf rechts zusammennähen; dabei in der oberen Mitte eine Öffnung lassen. Auf rechts wenden, mit Lavendel füllen und die Naht schließen. Mit Band und dekorativem Knopf versehen. Für das zweite Herz nehmen Sie ein etwas kürzeres Band.

Zitronenverbene

*Z*itronenverbene (Lippia citriodora) ist ein duftender mehrjähriger Strauch aus Südamerika. Er begnügt sich mit nährstoffarmem, trockenen Boden, braucht aber einen geschützten, warmen Platz, wo er bis zu 1,5 m hoch werden kann. Er gedeiht auch als Topfpflanze im Haus.

Im Sommer blüht der Strauch üppig hellrot oder weiß. Die schmalen Blättchen haben ein kräftiges Zitronenaroma und sollten deshalb sparsam verwendet werden. Man kann sie frisch an Obstsalate, Fruchtsäfte, Bowlen und selbstgemachtes Speiseeis geben und zum Würzen von Ölen und Essig verwenden. Getrocknet eignen sie sich für Potpourris. Das ätherische Öl der Zitronenverbene wird zur Parfümherstellung verwendet.

August

22

Eine Mundspülung aus einem Aufguß aus Zitronenverbene soll das Zahnfleisch pflegen und Karies verhindern.

23

24

25

Getrocknete Zitronenverbenenblätter behalten jahrelang ihren Duft und sind ideal für Kräuter-Potpourris.

26

27

28

Kräuterkosmetik

Chemiefreie kosmetische Produkte, die Ihrem Hauttyp entsprechen, lassen sich mit Kräutern sehr leicht herstellen. Viele der benötigten Zutaten finden Sie in Ihrer Küche. Was Sie von Ihren selbstgemachten Produkten nicht sofort verbrauchen, hält sich – aber nur einige Tage – im Kühlschrank.

Gesichtsdampfbad mit Salbei und Pfefferminze

Dieses Dampfbad wirkt durchblutungsfördernd und reinigend, eignet sich aber nicht für trockene Haut. Zuvor waschen oder reinigen Sie Ihr Gesicht.

In eine große Schüssel geben Sie ca. 1 l kochendes Wasser, 2 El frisch gehackten Salbei und 2 El frisch gehackte Pfefferminze. Halten Sie den Kopf ca. 30 cm über die Schüssel und legen Sie sich ein Handtuch über den Kopf, um den Dampf einzufangen. Nach 10 Minuten tupfen Sie das Gesicht mit einem kalten Waschlappen ab.

Ringelblumenöl für die Hände

Vermischen Sie 2,5 dl süßes Mandelöl mit 25 g frischen Ringelblumenblütenblättern in einem sauberen Schraubdeckelglas. An einem warmen Ort 3 Wochen stehen lassen und täglich einmal schütteln. Dann das Öl langsam in einem Topf erhitzen, bis die Blütenblätter kroß werden, und in ein sauberes Gefäß abseihen. Reiben Sie täglich ein paar Tropfen davon in Ihre Hände.

Pfefferminz-Gesichtsmaske

Diese stark austrocknende Maske eignet sich nur für fettige Haut. Mischen Sie ein Eiweiß mit ¼ Tl Kaolin zu einer Paste, in die Sie ¼ Tl Pfefferminzextrakt einrühren sowie genügend Wasser, um die richtige Konsistenz zu erhalten.

Gesichtswasser mit Apfelessig und Minze

Dieses Gesichtswasser verbessert Ihren Teint und gibt frische Farbe. 3 Tl frisch gehackte Minze und 2 El Apfelessig in einem Schraubdeckelglas 1 Woche ziehen lassen. Abseihen und 2,85 dl enthärtetes Wasser zugeben. Gut umrühren, in saubere Gefäße füllen und kühl aufbewahren.

Zitronenverbenentee

Die grünen oder getrockneten Blätter des Zitronenverbenenstrauchs ergeben einen erfrischenden Tee mit leicht beruhigender Wirkung.

Estragon

August

29

30

Estragon ist ein »Drachenkraut«, von dem man glaubte, es könne die Bisse von tollwütigen Hunden und anderen giftigen Tieren heilen.

31

Mit der Estragonwurzel versuchte man früher, Zahnschmerzen zu heilen.

---

*F*ranzösischer Estragon (Artemisia dracunculus) *ist eines der besten Küchenkräuter. Die buschige Staude wird bis zu 1 m hoch und will Sonne und guten, durchlässigen Boden. Sie gedeiht auch in Töpfen und Pflanztrögen. Estragon hat schmale aromatische Blätter und im Spätsommer kleine weiße Blüten. Die Blätter gibt man an Salate und Gemüse.*

Läßt man Estragon in Weißweinessig ziehen, erhält man einen köstlichen Salatessig. Russischer Estragon hat größere, hellere Blätter, jedoch nicht den Wohlgeruch des Französischen Estragons.

Geflügelsalat mit Avocado

Ergibt 4 Portionen

Das sahnige Kräuterdressing paßt ideal zu Geflügelfleisch und Avocado. Es hält mehrere Tage im Kühlschrank, läßt sich also im voraus zubereiten, und eignet sich ebenso als Dipsauce für Rohkost wie für gemischten Salat.

8 Sardellenfilets, in Milch eingeweicht, abgespült und abgetrocknet
1 Frühlingszwiebel, gehackt
2 El frischer gehackter Estragon
3 El gehackter Schnittlauch
4 El gehackte Petersilie
3 dl Mayonnaise
1,5 dl Joghurt
2 El Estragonessig
1 Prise Zucker und Cayennepfeffer
1 großer Kopfsalat
500 g gekochtes Hühnerfleisch
1 Avocado, geschält und gewürfelt oder in Scheiben
1 El Zitronensaft

1 Alle Zutaten, ausgenommen Kopfsalat, Hühnerfleisch, Avocado und Zitronensaft, im Mixer glatt rühren und mindestens 1 Stunde in den Kühlschrank stellen, damit sich die verschiedenen Aromen verbinden können.

2 Salat mundgerecht zerpflücken und auf Tellern anrichten.

3 Auf den Salat das gewürfelte oder in Streifen geschnittene Hühnerfleisch geben.

4 Dressing auf das Hühnerfleisch geben. Avocadoscheiben oder -würfel mit Zitronensaft bestreichen bzw. vermischen und als Garnierung verteilen. Übriges Dressing getrennt servieren.

> Estragon ist das beste Würzkraut für Huhn. Ein klassisches französisches Gericht ist *poulet à l'estragon*. Er verleiht Eierspeisen, Fischgerichten und z.B. Tatarsauce ein angenehmes Aroma.

Estragon und Zitronenkarotten

Ergibt 4 Portionen

Estragon ist eine köstliche Alternative zu der sonst für dieses Gericht verwendeten Minze.

450 g Karotten in Stäbchen
1 El Zitronensaft, 6 El Wasser
2 frische Estragonzweige
Gehackter Estragon zum Garnieren
Zitronenzesten zum Garnieren

1 Karotten mit Zitronensaft, Wasser und Estragonzweigen zugedeckt in der Mikrowelle 10 bis 12 Minuten auf HOCH garen.

2 Karotten abgießen. Estragonzweige entfernen. Karotten auf einer Platte anrichten. Mit gehacktem Estragon und Zitronenzesten garnieren.

> Estragon kam durch die heimkehrenden Kreuzfahrer im 13. Jahrhundert nach Europa und war schon damals eine gepriesene Heilpflanze.

Estragonsenf

50 g schwarze Senfkörner
3 Tl Mehl
½ Tl Salz
1 ½ Tl Honig
½ dl Estragonessig
2 Tl gehackter frischer Estragon

Senfkörner mahlen, mit etwas kaltem Wasser vermischen und 10 Minuten stehen lassen, damit sich das Aroma entwickelt. Danach mit den übrigen Zutaten im Mixer gut verrühren.

September

Beinwell

Beinwell (Symphytum officinale) ist ein robustes Rauhblattgewächs mit langen graugrünen Blättern und violetten, rosa oder gelblichen Blüten. Die breite Staude wird 60 bis 90 cm hoch und gedeiht auf fast jedem durchlässigen, fruchtbaren Boden. Auf dem Komposthaufen beschleunigt Beinwell die Zersetzung anderer Pflanzenabfälle.

Die Blätter sind reich an Vitaminen und Mineralien und können, solange sie jung sind, wie Spinat gekocht oder gehackt an grüne Salate gegeben werden. Die Stengel kann man blanchieren und wie Spargel zubereiten.

Beinwell wurde früher zur Heilung von Knochenbrüchen und Wunden verwendet. Aus Blättern und Wurzeln läßt sich ein Hustensaft bereiten, der auch bei anderen Erkrankungen der Lunge angewendet werden kann.

September

1

2

Der Gemeine Beinwell ist auch als Beinwurz, Wallwurz und Schwarzwurz bekannt.

3

4

5

Aus den Wurzeln von Beinwell, Zichorie und Löwenzahn läßt sich ein Getränk zubereiten, das ähnlich wie Kaffee schmeckt.

6

7

Umschläge aus dem Wurzelstock des Beinwells zubereitet lindern Blutergüsse und Schwellungen.

Lavendelwasser

Lavendelwasser ist ein entzückend altmodisches Eau de Cologne, das an heißen Sommertagen ungemein erfrischt. Als Alkohol verwendet man am besten Wodka, der geruchlos ist und den Lavendelduft nicht beeinträchtigt.

In eine saubere Flasche füllen Sie 3 dl Alkohol, 1 Tl Lavendelöl und 6 El Rosenwasser. Gut schütteln, an einen kühlen, dunklen Ort stellen und täglich einmal schütteln. Nach einem Monat in hübsche Parfümflaschen umfüllen. Das Lavendelwasser kann nach einem Monat verwendet werden; sein Duft wird jedoch durch längeres Stehen noch besser.

Kräuterbriefchen

In den meisten Bastel- oder Schreibwarengeschäften ist heute handgeschöpftes Papier erhältlich. Man bekommt es in verschiedenen Farben und Stärken; manchmal sind sogar Blütenblätter und Blätter von Kräutern eingepreßt. Dieses Papier eignet sich hervorragend für kleine, mit Kräutermischungen gefüllte Kuverts, die man in Schubladen und Schränke legen kann. Üben Sie das Falten zuerst mit einem weniger kostbaren Papier.

Sie brauchen:

1 Bogen handgeschöpftes Papier
Doppelseitiges Klebeband oder Kleber
Papiermesser
Schmales Band
Kräuterpotpourri oder Lavendel

1 Aus dem Papier ein Rechteck von ca. 25 x 21 cm schneiden. Die zwei kürzeren Seiten zur Mitte hin falten, so daß sie sich ungefähr 1 cm überlappen. Eine der offenen Seiten 1 cm breit darüberfalten. Nun haben Sie eine längliche, an einer Seite offene Tasche.

2 Am offenen Ende von einer Seite so viel abschneiden, daß Sie eine Klappe zum Schließen des Kuverts erhalten.

3 Mit Klebeband oder Kleber den unteren umgebogenen Rand und die mittlere Faltnaht zukleben.

4 Mit dem Messer zwei Schlitze in die Klappe schneiden, durch die später das Band zum Schließen des Briefchens gezogen wird.

5 Klappe schließen und entsprechende Schlitze in das Kuvert schneiden, so daß man das Band durch sämtliche Schichten des Kuverts schieben kann.

6 Das Kuvert mit Potpourri füllen, Band durch die Schlitze fädeln und zur Schleife binden.

Koriander

Koriander (Coriandrum sativum) ist eine robuste, anspruchslose Einjahrspflanze, solange sie Sonne und lockere, gut gedüngte Erde hat. Die unteren Blätter sind hellgrün und ähneln der glatten Petersilie, die oberen dagegen sind stärker gefiedert, die kleinen Blüten rosa bis weiß. Koriander ist eines der ältesten Gewürzkräuter, das hauptsächlich wegen seiner mild aromatischen Samenkörner angebaut wird. Doch bis die Samen reif sind, hat die Pflanze einen unangenehmen Geruch. Die scharf schmeckenden Blätter können jung an Gemüse und grüne Salate gegeben werden.

Die Römer brachten den Koriander aus dem Nahen Osten mit. In der indischen und thailändischen Küche wird er bis heute häufig verwendet.

September

8
Im alten China glaubte man, der Genuß von Koriander mache unsterblich.

9

10

11
Nach einem angelsächsischen Rezept mische man für rauhe, aufgesprungene Hände einen Breiumschlag aus Mangold, Lattich, Koriander, Bröseln und Wasser.

12

13

14
In antiken Schriften ist viel Widersprüchliches über Koriander zu lesen. Er galt als Giftpflanze, als Heilmittel gegen Pest und Fallsucht, als Aphrodisiakum und Mittel zur Mäßigung.

Hähnchenbrüste mit «gebrannten» Paprika und Koriander

Ergibt 4 Portionen

Paprika «abbrennen» ist eine Technik, die Schoten zu häuten. Sie erhalten dabei ein köstliches Aroma, das sich gut mit Koriander verträgt. Servieren Sie das Gericht mit gekochtem Reis.

2 rote Paprikaschoten, halbiert und entkernt
1 grüne Paprikaschote, halbiert und entkernt
4 El pflanzliches Öl zum Bestreichen
1 El Olivenöl
1 Tl Paprika
¼ Tl gemahlener Kreuzkümmel
1 Prise Cayennepfeffer
2 Knoblauchzehen, zerdrückt
450 g Dosentomaten, abgetropft und zerkleinert
3 El frischer gehackter Koriander
3 El frische gehackte Petersilie
Salz
4 große Hähnchenbrüste ohne Knochen
1 große Zwiebel, gehackt
60 g Mandelsplitter

1 Paprikaschoten mit der Schnittfläche nach unten auf einem Blech flach drücken.

2 Paprika außen mit Öl bepinseln und unter den vorgeheizten Grill schieben. Wenn die Haut verkohlt und platzt, herausnehmen, in ein sauberes Geschirrtuch wickeln und 10 Minuten abkühlen.

3 Die Haut vorsichtig abziehen. Schoten in dünne Streifen schneiden.

4 Olivenöl in einer Pfanne erhitzen. Paprika mit Cayennepfeffer und Knoblauch 2 Minuten darin schwenken. Tomaten, Kräuter und Salz dazugeben. 15 bis 20 Minuten köcheln lassen. Beiseite stellen.

5 Das übrige Pflanzenöl in eine Kasserolle geben und die Hähnchenbrüste unter häufigem Wenden von allen Seiten goldbraun anbraten. Herausnehmen und beiseite stellen.

6 Im selben Öl Zwiebelwürfel ungefähr 5 Minuten glasig dünsten, Hähnchenbrüste dazugeben und mit ca. 3 dl Wasser aufkochen. Zugedeckt ca. 30 Minuten köcheln lassen. Die Hähnchenbrüste gelegentlich umdrehen, damit sie nicht anbrennen.

7 Hähnchenbrüste aus dem Topf nehmen und die übrige Flüssigkeit rasch auf ca. 1 dl einkochen. Die Paprika-Tomaten-Sauce dazugeben und gut umrühren.

8 Hähnchenbrüste wieder in den Topf geben und zugedeckt 30 Minuten köcheln lassen, bis das Fleisch weich ist. Mit Mandelsplittern anrichten.

Korianderkörner

Im Spätsommer schneiden Sie die braunen Samenstände ab und lassen sie mehrere Tage an einem warmen, luftigen Ort trocknen. Dann schütteln Sie die Körner aus den Samenständen und bewahren sie in einem Glas auf. Korianderkörner haben ein mildes Zitrusaroma und können entweder ganz oder gemahlen zum Würzen von Backwaren, Süßspeisen sowie zu Fisch- und Fleischgerichten verwendet werden. Auch alkoholische Getränke wie Gin werden mit Koriander aromatisiert.

Ysop

Ysop (Hyssopus officinalis) *ist ein immergrüner, mehrjähriger Halbstrauch mit aromatischen dunkelgrünen Blättern und holzigen Stielen. Von Juni bis September trägt er rosa, blaue oder weiße Blüten. Er wird 30 bis 60 cm hoch, liebt lockeren, durchlässigen Boden und Sonne und eignet sich gut für Pflanzgefäße.*

Ysop ist eines der ältesten Kräuter, das schon in der Bibel im Zusammenhang mit der Reinigung eines heiligen Gebäudes erwähnt wird.

Wegen seines starken, aromatischen Geruchs und bitteren Minzengeschmacks diente er früher zur Fleischkonservierung. Der schweißtreibende Ysoptee wurde bei Rheuma und Erkrankungen der Luftwege verordnet. Frische Ysopblätter können an grüne Salate oder Gemüsesuppen gegeben werden.

September

15

16

Ysop lockt dank seines starken Minzengeruchs viele Bienen an und liefert einen wohlschmeckenden Honig.

17

18

Ysop gehört zu den Würzkräutern des Likörs Chartreuse.

19

20

21

Französische Köche geben Ysop an eingemachte Tomaten.

Kräutersäckchen für das Bad

Gönnen Sie sich nach einem anstrengenden Tag ein herrlich entspannendes, duftendes Kräuterbad. Der Musselinstoff kann mit Kaltwasserfarben gefärbt werden. Diese mit Kräutern gefüllten Säckchen sind außerdem ein ideales Geschenk.

Zur Herstellung brauchen Sie:
Musselinreste
Schmales Band in passenden Farben
Hafergrütze
Milchpulver
Getrocknete Kräuter wie Rosmarin, Lavendel, Thymian oder Majoran

1 Für jedes Säckchen ein Stoffstück von 10 x 15 cm zuschneiden.

2 Der Länge nach zusammenlegen und zu einem Säckchen nähen. Den oberen Rand mit einer Zackenschere zurechtschneiden. Auf rechts wenden.

3 In einer großen Schüssel gleiche Mengen Hafergrütze und Milchpulver vermischen sowie genügend Kräuter, um die Mischung zu parfümieren. Die Säckchen zur Hälfte mit dieser Mischung füllen.

4 Die Säckchen mit passendem Band zubinden und so an den Wasserhahn hängen, daß das Badewasser hindurchlaufen kann.

In manchen Gegenden legen die alten Frauen getrocknete Ysopzweige in ihre Gebetbücher, damit sie der scharfe Ysopgeruch in der Kirche am Einschlafen hindert.

Ananasminze

*A*nanasminze (Mentha suaveolens variegata) ist eine Varietät der Rundblättrigen Minze. Die weiß geränderten Blätter machen sie zu einer hübschen Gartenpflanze und zur idealen Garnierung. Die Pflanze ist mehrjährig; ihre gelbweißen Blüten bilden lange Blütenähren.

Ananasminze wird 20 bis 30 cm hoch und bevorzugt Halbschatten sowie feuchten, nährstoffreichen Boden. Sie hat ein angenehmes Ananasaroma. Die frischen Blätter kann man an Fruchtsäfte und Bowlen geben. Getrocknet eignet sich Ananasminze besonders für fruchtig duftende Potpourris wie Mischungen aus Zitronenverbene, Apfelminze und ähnlich duftenden Kräutern.

Wie alle Minzen ist sie eine stark wuchernde Pflanze.

September

22

23

24

«Wir picken in den Gärten Sesam, Mohnkörner, Myrtenbeeren, Wasserminze…»

Die Vögel
Aristophanes

25

26

27

28

Im alten Griechenland war Minze ein Symbol für Gastfreundschaft, und man rieb die Tische mit Minze ein, bevor man Gäste bewirtete.

Geflügelleberpastete mit Petersilie und Koriander

Ergibt 4 Portionen

Diese weiche Pastete hat einen kräftigen Geschmack und kann entweder als Imbiß auf Toast oder als gehaltvollere Zwischenmahlzeit mit Baguette und Salat serviert werden.

450 g Geflügelleber
225 g Butter
4 Schalotten, fein gehackt
2 Knoblauchzehen, zerdrückt
½ Tl gemahlener Koriander
2 Tl frische gehackte Petersilie
Salz, frisch gemahlener Pfeffer
2 Tl Mango-Chutney
120 g geklärte Butter zum Garnieren (s. 4)
Korianderblätter zum Garnieren

1 Die Lebern in gleich große Stücke schneiden. Die Hälfte der Butter in einer Pfanne schmelzen. Leber, Schalotten, Knoblauch und Koriander zugeben und bei mäßiger Hitze braten, bis die Leberstücke gar sind.

2 Nach dem Abkühlen im Mixer pürieren. Für eine besonders glatte Pâté streichen Sie die Mischung durch ein Sieb.

3 Übrige Butter, Petersilie, Salz, Pfeffer und Chutney hinzufügen, erneut pürieren. In eine Servierschüssel füllen.

4 Um die Butter zu klären, 120 g Butter in einer kleinen Kasserolle rasch aufschäumen lassen, vom Herd nehmen und 30 Minuten stehen lassen. Das klare Butteröl über dem trüben Satz abschöpfen und über die Pastete löffeln, so daß sich eine ca. 1,25 cm dicke Schicht bilden kann. Im Kühlschrank fest werden lassen. Mit frischen Korianderblättern garnieren.

Kräuterkörbchen

Ein Weidenkörbchen mit frischen Kräutern ist ein willkommenes Geschenk für alle, die gerne kochen und keinen eigenen Kräutergarten besitzen. Legen Sie das Körbchen mit Frischhaltefolie aus. Pflücken Sie Kräuter mit längerem Stiel und wickeln Sie die einzelnen Büschel in feuchtes Küchenpapier. Die Büschel dicht nebeneinander in das Körbchen setzen. An einem kühlen Ort bleiben die Kräuter mehrere Tage frisch. Das abgebildete Körbchen enthält u.a. Rosmarin, Purpursalbei, Schnittlauch, verschiedene Minzen, Bronzefenchel, Thymian und Goldmajoran.

Seifenkraut

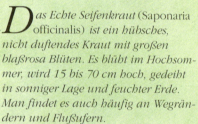

Das Echte Seifenkraut (Saponaria officinalis) *ist ein hübsches, nicht duftendes Kraut mit großen blaßrosa Blüten. Es blüht im Hochsommer, wird 15 bis 70 cm hoch, gedeiht in sonniger Lage und feuchter Erde. Man findet es auch häufig an Wegrändern und Flußufern.*

Früher wurde Seifenkraut zum Wäschewaschen verwendet, da die Pflanze in Wasser eingeweicht einen seifenartigen Schaum bildet, der sich besonders zum Waschen von empfindlichen Geweben eignet. Man kocht die zerstoßenen Wurzelstöcke sowie die Blätter und Stengel 30 Minuten lang knapp mit Wasser bedeckt und gibt die abgeseihte Flüssigkeit in das Waschwasser.

September

29

Seifenkraut war früher eine bekannte Heilpflanze, die vor allem bei Gelbsucht und Rheuma angewendet wurde.

30

Orangen mit Honig und Minze

Ergibt 4 Portionen

Aus dieser ungewöhnlichen Zusammenstellung entsteht ein leichtes und sehr erfrischendes Dessert. Statt Orangen können Sie auch rosa Grapefruits verwenden.

3 dl klarer Honig
4,5 dl Wasser
2 frische große Minzenzweige
12 ganze Nelken
4 große ungespritzte Orangen
Minze zum Garnieren

1 Honig und Wasser mit Minze und Nelken in einer Kasserolle langsam und unter Umrühren zum Kochen bringen. 5 Minuten kochen oder bis die Flüssigkeit sämig eingekocht ist.

2 Nach dem Abkühlen abseihen.

3 Mit dem Kartoffelschäler die äußere Schale einer Orange dünn schälen und mit einem scharfen Messer in feine Streifen schneiden.

4 Die Orangenschalenstreifen in einer kleinen Schüssel mit kochendem Wasser überbrühen, abkühlen lassen und abgießen. Nur die Schalen aufbewahren.

5 Schalen in den Honigsirup rühren und gut kühlen.

6 Alle Orangen sauber schälen und mit einem scharfen Messer in dünne Scheiben schneiden.

7 Die Orangenscheiben auf vier Tellern anrichten, mit dem gekühlten Sirup übergießen und kurz vor dem Servieren mit Minzenzweiglein garnieren.

Statt für einen dekorativen Tischschmuck teure Blumen zu kaufen, füllen Sie für jeden Platz eine kleine Glasvase mit aromatischen grünen und blühenden Kräutern, die durch ihren Anblick und ihren Duft erfreuen. In der winterlichen Jahreszeit, wenn es keine blühenden Kräuter gibt, komponieren Sie Sträuße in den verschiedenen Silbergrau- und Grüntönen der Blätter.

> «Würd'ge Herrn,
> Für Euch ist Rosmarin und Raute, Frische
> Und Duft bewahren sie den ganzen Winter…»
> *Das Wintermärchen*
> William Shakespeare

Blumenkranz

Fangen Sie die Farben des Sommers in diesem leuchtendbunten Blumenkranz ein. Für den abgebildeten Kranz wurde eine Unterlage aus Floristenschaum verwendet, der kahl zwar nicht so hübsch aussieht wie ein Stroh- oder Weidenrutenkranz, aber den Vorteil besitzt, daß man ihn mit Wasser tränken kann und die Kräuter nur hineinzustecken braucht. In dem feuchten Schaum halten sie sich etliche Tage lang. Bestecken Sie die Schaumunterlage sorgfältig von allen Seiten, daß nichts davon zu sehen ist.

Zu den hier verwendeten Kräutern gehören Ringelblumen, Kapuzinerkresse, Goldmajoran und Fenchelblüten.

Oktober

Eberraute

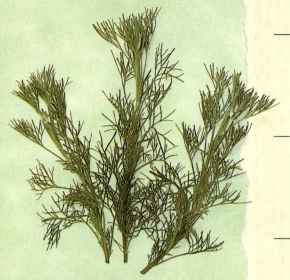

*E*berraute (Artemisia abrotanum) ist eine holzige Staude mit graugrünen, fiederschnittigen Blättern, die zerdrückt nach Zitrone duften. Manchmal bekommt sie kleine gelbe Blüten. Sie liebt lockeren, gut dränierten Boden und Sonne. Schneidet man sie im Frühjahr zurück, wächst sie bis zu 1 m hoch. Sie eignet sich gut für Blumenkübel.

Eberraute wird fast nur noch in der italienischen Küche verwendet. Da sie in der Blumensprache auch Treue bedeutet, war sie häufig Bestandteil eines Sträußchens für den Liebsten.

Eberraute wirkt antiseptisch; früher glaubte man, daß sie Krankheiten abwehrte. Die getrockneten Blätter halten Motten fern.

Oktober

1

2

3

Ein Haarwasser mit Eberraute half angeblich gegen Haarausfall, und eine aus ihrer Asche zubereitete Salbe soll den Bartwuchs angeregt haben.

4

5

6

7

«Hier fielen Tränen; wo die hingetaut,
Da setz ich Raute, bittres Weihekraut.»

König Richard II.
William Shakespeare

Hackfleischsauce mit Kräuterklößen

Ergibt 4 Portionen

An Stelle von frischen Kräutern können Sie auch getrocknete Herbes de Provence verwenden. Dieses Gericht ist eine kräftige, wärmende Mahlzeit für eine hungrige Familie. Die Mikrowelle verkürzt die Kochzeit enorm.

1 Tl Öl
1 mittelgroße Zwiebel, fein gehackt
350 g Hackfleisch
30 g Mehl
1,5 dl Fleischbrühe
1 El Tomatenmark
Salz, frisch gemahlener Pfeffer

Kräuterklöße:
180 g Mehl
½ Tl Backpulver
1 Prise Senfpulver
60 g Margarine
½ Tl gehackter Oregano
½ Tl gehackter Thymian
½ Tl gehackter Majoran
4 ½ El Milch

1 Öl und Zwiebeln in einer Kasserolle auf HOCH 3 Minuten dünsten.

2 Hackfleisch zufügen. Unter gelegentlichem Umrühren auf HOCH 3 bis 5 Minuten kochen. Mehl, Brühe, Tomatenmark, Gewürze einrühren.

3 Für die Klöße Mehl, Backpulver und eine Prise Salz in einer Rührschüssel mit der Margarine zu Bröseln verreiben. Kräuter zugeben. Nach und nach mit Milch zu einem weichen Teig kneten.

4 8 Klöße formen und am Rand der Kasserolle verteilen. Zugedeckt auf niedriger Stufe 10 bis 15 Minuten garen.

Herbes de Provence

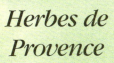

Diese klassische Mischung von getrockneten Kräutern aus der Provence, einer Region in Südfrankreich, enthält Majoran, Thymian, Rosmarin, Oregano und Salbei, manchmal auch Bohnenkraut, Minze, Basilikum oder Fenchel, und dient zum Würzen von Fleisch und Gemüse.

Puffbohnen à la Provence

Ergibt 4 Portionen

Dieses einfache Gemüsegericht paßt gut zu gegrilltem oder gebratenem Fleisch.

450 g frische oder tiefgefrorene Puffbohnen
2 El Butter
2 Tl Herbes de Provence
4 Tomaten, entkernt und gewürfelt
Salz, frisch gemahlener Pfeffer

1 Puffbohnen in kochendem Salzwasser ca. 8 Minuten weich kochen. Abgießen und abschrecken.

2 Bohnen in geschmolzener Butter und Kräutern schwenken.

3 Bohnen erhitzen. Tomaten, Salz und Pfeffer zugeben. Sofort servieren.

Dill

Dill (Anethum graveolens) *ist eine aromatische, robuste Einjahrspflanze mit feinen, zipfeligen Blättern und kleinen gelben Blüten. Die Dolden können bis zu 20 cm breit werden.*

Der aus dem südwestlichen Asien stammende Dill bevorzugt Sonne und feine, gut dränierte Erde und wird 60 bis 90 cm hoch. Die Blätter werden häufig in einer Sauce zu Fisch oder als Salatkraut verwendet. In der schwedischen Küche wird roher Lachs mit Dill und Salz zu Gravlax gebeizt. Dillsamen, den man gegen Ende des Sommers sammelt, eignet sich für Eintöpfe, Suppen, Dillessig und Pickles.

Die Samen fallen aus den Dolden, sobald sie reif sind. Deshalb sollte man die ganze Pflanze abernten, wenn die Dolden braun werden. Dolden abschneiden und an einem warmen Ort trocknen.

Im Mittelalter wurde Dill bei Zaubersprüchen und Hexerei verwendet.

Nagelfestiger

*Ü*berbrühen Sie 4 El frische, zerdrückte Dillsamen mit einer Tasse Wasser. Nach dem Abkühlen baden Sie Ihre Fingernägel 10 Minuten in der Flüssigkeit.

Oktober

8

9

Nach einem Tee aus Dillsamen schläft man angeblich wie in Abrahams Schoß.

10

11

»Eisenkraut und Dill hält Hexen still.«
Michael Drayton

12

13

Dillsamen kauen verbessert den Atem.

14

Gegrillte Heringe mit Dill

Ergibt 4 Portionen

Dill und Senf verleihen Heringen oder auch frischen Makrelen einen köstlichen scharfen Geschmack. Servieren Sie die Fische mit neuen Kartoffeln und mit Zitronenspalten und Dill garniert.

4 El frischer gehackter Dill
6 El milder Senf
2 El Zitronensaft oder Weißwein
4 bis 8 Heringe, geputzt, aber mit Kopf und Schwanzflosse
25 g Butter oder Margarine, geschmolzen
Salz, frisch gemahlener schwarzer Pfeffer
Zitronenspalten und Dill zum Garnieren

1 Dill, Senf und Zitronensaft oder Wein gründlich mischen.

2 Die Fische auf beiden Seiten 3mal einschneiden, so daß nur die Haut eingeritzt wird, und auf eine Grillpfanne legen.

3 Die Oberseite der Fische mit der Hälfte der Senfmischung bestreichen.

4 Etwas von der zerlassenen Butter über die Fische geben und 5 Minuten grillen.

5 Fische wenden und mit der übrigen Senfmischung und zerlassener Butter bestreichen. Weitere 5 bis 6 Minuten grillen. Fische vor dem Servieren mit etwas Salz und Pfeffer bestreuen.

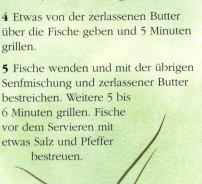

Dillsauce

Dill paßt ausgezeichnet zu Fisch. Diese Sauce kann aber auch warm oder kalt zu Gemüse serviert werden.

25 g Butter
1 El Mehl
1,5 dl Sahne
3 dl Geflügelbrühe
1 Tl französischer Senf
Salz, frisch gemahlener schwarzer Pfeffer
3 El gehackter frischer Dill

Butter in einem Topf schmelzen, Mehl dazugeben und bei schwacher Hitze 1 bis 2 Minuten unter Rühren erhitzen. Sahne und Brühe erwärmen und an die Buttermischung geben. Gut umrühren und 4 Minuten köcheln lassen. Senf, Salz, Pfeffer und Dill einrühren.

Schwarze Minze

*S*chwarze Minze (Mentha x piperita) ist eine Varietät der Pfefferminze und unterscheidet sich von ihr nur in der Farbe. Ihre Blätter und Stiele sind von einem dunklen rötlichen Braun, die der Weißen Pfefferminze dagegen grün.

Schwarze Pfefferminze enthält mehr Öl als Weiße, allerdings von minderer Qualität. Das Öl wird aufgrund seines intensiven Geruchs und Geschmacks zur Bekämpfung von Übelkeit und zur Aromatisierung von unangenehm schmeckenden Arzneien verwendet.

Schwarze Minze wurde wegen ihres ätherischen Öls schon um 1750 kommerziell angebaut. Sie gedeiht auf feuchtem, nährstoffreichen Boden in sonniger Lage, wird 60 bis 90 cm hoch und hat im Hochsommer mauvefarbene Blüten.

Oktober

15

16

Pflanzen Sie Pfefferminze im Garten, um Ameisen und Käfer fernzuhalten.

17

18

19

20

Pfefferminztee wird gewöhnlich aus Schwarzer Pfefferminze zubereitet. Die Blätter können entweder für sich oder mit schwarzem Tee vermischt aufgegossen werden.

21

Duftendes Briefpapier

*E*in duftender Brief ist immer eine angenehme Überraschung und auf jeden Fall eine willkommene Abwechslung zwischen den Wurfsendungen und Rechnungen, die täglich im Briefkasten landen.

Sie brauchen dazu:

*1 großen Bogen hübsches Büttenpapier
Kleber
Band
Getrockneten Lavendel*

1 Papier zu einem 30 x 30 cm großen Quadrat schneiden.

2 Zwei gegenüberliegende Ecken zur Mitte falten, daß sich die Spitzen berühren. Eine dritte Ecke zur Mitte falten, so daß sie die Ränder der zwei anderen leicht überlappt, und auf den zwei unteren festkleben. Sie haben nun ein großes Kuvert.

3 Die obere Ecke als Klappe herunterfalten.

4 Das Kuvert mit passendem Briefpapier und Umschlägen füllen und einen Löffel getrockneten Lavendel dazugeben.

5 Kuvert mit einem hübschen Band zubinden. Einige getrocknete Lavendelzweige durch die Schleife ziehen.

Gesichtsmaske mit Minze und Zitrone

*D*iese Maske eignet sich für fettige Haut. Pürieren Sie in einem Mixer 1 Tl Zitronensaft, 1 Eiweiß, $1/2$ geschälte, gewürfelte Gurke und einige frische Pfefferminzblätter. Auftragen und 15 Minuten einwirken lassen. Danach mit lauwarmem Wasser abspülen.

> Auf dem Land kam der neue Anzug nach der Hochzeit mit Lavendelzweiglein in die Kleidertruhe und wurde nur an Fest- und Feiertagen wieder herausgenommen.

Italienische Strohblume

Die Italienische Strohblume (Helichrysum italicum) *ist eine immergrüne, fast winterharte und mehrjährige Pflanze aus dem Mittelmeerraum. Sie hat schmale silbergraue Blätter und kleine gelbe Blütenkörbchen, die von Juni an blühen. Die Blätter haben einen würzigen Currygeruch und eignen sich als Suppengewürz.*

Die Pflanze bevorzugt einen sonnigen, geschützten Platz und durchlässigen, sandigen Boden, wird 45 cm hoch und eignet sich für Pflanztröge.

Oktober

22

23

An warmen Tagen würzt die
Italienische Strohblume die Luft im Garten.

24

25

26

27

»In solcher Nacht
Las einst Medea jene Zauberkräuter,
Den Äson zu verjüngen.«

Der Kaufmann von Venedig
William Shakespeare

28

Barock-
kräutergärten

Symmetrisch angelegte Gärten gab es bereits im 15. Jahrhundert. Die von gestutzten Buchsbaumhecken und gekiesten oder gepflasterten Wegen unterteilten Beete bilden ein geometrisches, gitterartiges Muster. Umgeben von höheren Hecken oder Mauern sind sie oft ein stilles Paradies.

Traditionell werden die einzelnen Beete entweder mit Küchen-, Duft- oder Heilkräutern bepflanzt und zu kunstvollen Mustern angeordnet, so daß der Garten von oben gesehen wie ein Teppich wirkt. Man pflanzt niedrigere Sorten. Die meisten Pflanzen muß man während der Wachstumsperiode mehrmals auf gleiche Höhe stutzen.

So ein Garten kann beliebig groß sein. Eine Miniaturversion läßt sich auf kleinstem Raum einplanen. Dazu zeichnet man auf Millimeterpapier eine maßstabgetreue Skizze. In der Mitte hat man oft einen besonderen Blickfang wie einen Lorbeerbaum, eine Sonnenuhr oder eine Statue. Dann überlegen Sie, welche Kräuter Sie pflanzen wollen. Bedenken Sie dabei, daß Sie jedem Beet ein nach Farbe und Inhalt ähnliches Aussehen geben. Man kann die Kräuter bodendeckend setzen (und sich viel Unkrautjäten ersparen) oder in streng geometrischen Mustern.

Statt der Buchsbaumhecken können Sie auch Kräuter wie Thymian oder Majoran in Reihen als Beeteinfassung pflanzen.

▲
Ein Kräutergarten mit vier Beet-Ensembles, gruppiert um Terracottagefäße.

▲ *Hier sind die in Reih und Glied gepflanzten Kräuterbüsche von niedrigen Buchsbaumhecken eingefaßt.*

◂ *Ein Kräutergarten mit einer eleganten Fontäne und gleich großen Beeten; eines davon ist ein Labyrinth. Die Wege sind mit Ziegeln gepflastert.*

Fenchel

Fenchel (Foeniculum vulgare) *ist eine vorwiegend einjährig kultivierte Staude mit federigen, grünen oder bronzefarbenen Blättern. Von Juni an blüht er hellgelb. Fenchel ähnelt dem Dill, hat aber ein völlig anderes Aroma. Er wird 1,5 bis 2 m hoch, braucht Sonne und gut dränierten Boden.*

Fenchel ist ein wichtiges Küchenkraut. Der süßliche Geschmack der Blätter und Samen paßt gut zu Fisch und Gemüse. Die frischen Blätter streut man gehackt auch über Salate und neue Kartoffeln. Die Samen eignen sich zum Würzen von Backwaren.

Fenchel soll ein gutes Mittel zur Behandlung von Augenleiden sein und die Sehkraft fördern.

> Karl der Große machte seinen Untertanen den Fenchelanbau zur Pflicht und gab Anweisungen für die Verwendung in der Küche.

> Fenchelsamen reifen nicht gleichzeitig. Bevor die ganzen Pflanzen umgeschlagen werden, sammelt oder «traumelt» man die Früchtchen von den reifen Dolden. Der so geerntete erstklassige Fenchel führt die Bezeichnung «Traumelfenchel».

Oktober

29

Im Mittelalter hängte man am Vorabend von Sonnwend Fenchel an die Türen, um böse Geister abzuwehren.

30

31

Fenchel soll Kraft und Mut verleihen und das Leben verlängern.

Sautiertes Lamm mit Fenchel und Orange

Ergibt 4 Portionen

Servieren Sie dieses Gericht als Hauptgang, wenn Sie Gäste zum Essen eingeladen haben.

2 El Butter oder Margarine
700 g Lammfilet
3 Schalotten, fein gehackt
2 El Mehl
3,5 dl Fleischbrühe
Abgeriebenes und Saft einer Orange
2 El gehackte Fenchelspitzen
1 Lorbeerblatt
Salz, frisch gemahlener schwarzer Pfeffer
1 Orange, geschält, in Scheiben

1 Fett in der Pfanne erhitzen. Filet in 1,5 cm dicke Scheiben schneiden und von beiden Seiten rasch anbraten. Warmstellen.

2 Schalotten bei geringer Hitze glasig dünsten. Aus der Pfanne nehmen.

3 Mehl in der Pfanne anbräunen. Brühe, Orangensaft und -schale zugeben und unter Rühren aufkochen.

4 Fleisch, Schalotten, Fenchel, Lorbeer, Salz und Pfeffer in die Pfanne geben. Zugedeckt köcheln lassen, bis das Fleisch weich ist. Lorbeerblatt vor dem Servieren herausnehmen.

Kräuteressige

Mit Kräutern gewürzte Weißweinessige kann man für Salatsaucen, Mayonnaisen und andere Saucen verwenden. Besonders im Winter, wenn frische Kräuter rar sind, geben sie den Speisen eine angenehm frische Würze. Probieren Sie verschiedene Kräuter aus, um Ihren Lieblingsessig zu finden.

Folgende Kräuter ergeben einen guten Essig:

- **Basilikum** – in warmem Essig zerstoßen. Essig abseihen und in Flaschen füllen.
- **Dill** – frisch, auch mit Samen, in Essig legen.
- **Estragon** – frisch in den Essig geben.
- **Holunder** – Blüten an Essig geben.
- **Lavendel** – nur die Blüten in den Essig geben.
- **Lorbeerblätter** – in Essig erwärmen.
- **Rosmarin** – ein paar Zweige in den Essig geben.

Sie können auch einen gemischten Kräuteressig zubereiten. Für einen sehr würzigen Essig fügen Sie Knoblauchzehen, schwarze oder rote Pfefferkörner, Chilischoten und Selleriesamen hinzu.

Spülung für aufgesprungene Hände

Bereiten Sie einen Aufguß mit ½ l kochendem Wasser und 2 El Ringelblumen oder Fenchel, Beinwell oder Kamille. Abkühlen lassen. Mit der abgeseihten Flüssigkeit spülen Sie Ihre Hände nach dem Waschen.

Fencheltee

Fencheltee wird aus den Blättern und den Samen des Fenchels zubereitet. Die Samen zerstößt man vor dem Aufgießen, damit sie ihr Aroma besser abgeben. Der Tee ist ein mildes Abführmittel.

Reinigende Joghurt-Fenchel-Lotion

Brühen Sie 2 El Fenchelblätter mit 1,5 dl kochendem Wasser auf. Nach dem Abkühlen mit 150 g Joghurt vermischen und in saubere Flaschen füllen.

Holunder

*S*chwarzer Holunder *(Sambucus nigra) ist ein winterharter, laubwechselnder Strauch oder Baum. Der europäische Holunder wird bis zu 10 m hoch. Seine cremeweißen Blüten verströmen im Frühsommer einen wundervollen Duft. Die Beeren reifen gegen Ende des Sommers und werden von Vögeln gern gefressen. Holunder wächst praktisch überall wild, so daß man seine Blüten und Beeren auf Spaziergängen sammeln kann.*

Er hat viele medizinische und kulinarische Verwendungszwecke. Aus den Blüten läßt sich ein Wein zubereiten, der wie Muskateller schmeckt, sowie köstlicher Champagner, Likör und Süßspeisen. Aus den Beeren kann man ebenfalls Wein oder Gelee zubereiten.

Viele Krankheiten wurden mit Holunder behandelt, u.a. Mundentzündungen, Epilepsie und Krupp.

November

1

2

»Ringel ringel reihe, wir sind der Kinder dreie,
sitzen unterm Hollerbusch,
schreien alle husch husch husch.«

3

4

5

Holunderdolden schichtweise zwischen Äpfel
in einen verschlossenen Karton gelegt
halten das Obst länger frisch.

6

7

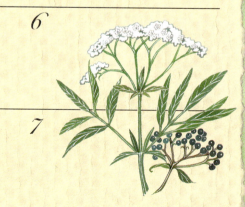

Potpourris als Geschenke

Hübsche Schachteln mit Potpourri sind Geschenke, die mehrere Monate lang Freude bereiten. Geschenke dieser Art werden besonders geschätzt, wenn sie selbst gemacht sind. Trocknen Sie im Sommer viele verschiedene Kräuter, die Sie in getrennten Behältern aufbewahren. Komponieren Sie Spezialmischungen für den jeweiligen Empfänger.

Sammeln Sie hübsche Kartons, wie z.B. Konfektschachteln, die häufig zu schade zum Wegwerfen sind, oder kaufen Sie geeignete Schachteln in einem Schreibwaren- oder Bastelgeschäft. Die Farben der Schachtel sollten zu denen des Potpourris passen. Die abgebildete runde Schachtel in Blau und Violett enthält getrocknete Lavendelblüten, die ovale rosa und grüne Schachtel Rosenblüten und verschiedene Minzenblätter.

Die Schachteln mit Band und Geschenkanhänger versehen.

Holunderblüten-Champagner

Ergibt ungefähr 7 Flaschen mit 0,75 l Inhalt

Holunderblüten-Champagner ist trotz seines Namens ein alkoholfreies Getränk. Champagner heißt es nur, weil es moussiert. Lagern Sie die Flaschen vor dem Öffnen 2 bis 3 Wochen.

8 Blütendolden
4,5 l kochendes Wasser
550 g Zucker
0,3 dl Weißweinessig
2 Zitronen, in Scheiben

1 Holunder, Zucker, Essig und Zitronen in einer großen Schüssel oder entsprechendem Gefäß mit kochendem Wasser übergießen.

2 Umrühren, damit sich der Zucker auflöst. An einem warmen Platz 24 Stunden zugedeckt stehen lassen.

3 In einen Krug abseihen und in saubere Weinflaschen füllen. Mit Korken verschließen und 2 bis 3 Wochen kühl und dunkel aufbewahren.

Honig-Holunder-Reiniger

Dieser Reiniger eignet sich für alle Hauttypen. 16 El Joghurt und 5 El Holunderblüten 30 Minuten bei geringer Hitze in einem Topf erwärmen. Vom Herd nehmen und 4 bis 5 Stunden ziehen lassen. 2 ½ El klaren Honig schmelzen. Die Joghurtmischung erwärmen und mit dem flüssigen Honig gut vermischen. In saubere Flaschen füllen und im Kühlschrank aufbewahren.

Goldmutterkraut

November

8

9

Mutterkraut wird wegen seiner fiebersenkenden und tonischen Wirkung auch Fieberkraut genannt.

10

11

12

13

14

Eine Tinktur aus Mutterkraut lindert die Bisse von Insekten und Ungeziefer.

*G*oldmutterkraut (Chrysanthemum parthenium) *ist eine Varietät des gewöhnlichen Mutterkrauts; seine Blüten sind von einem satteren Gelb. Es ist eine ziemlich schnell wachsende und buschige mehrjährige Pflanze mit aromatischen Blättern, die den ganzen Sommer blüht. An einem sonnigen Platz mit durchlässiger Erde kann sie 60 cm hoch werden.*

Ein Absud mit Honig oder Zucker gesüßt hilft bei Husten und Atembeschwerden. Die frischen Blätter verwendet man noch heute zur Behandlung von Migräne. Schwangere sollten es jedoch nicht nehmen, da es Wehen hervorrufen kann.

Kräuter vermehren

Statt Pflanzen zu kaufen, legen sich viele Leute einen Kräutergarten mit Ablegern an, die sie von Freunden und Nachbarn bekommen. Schön daran ist, daß einen diese Pflanzen immer an eine bestimmte Person erinnern.

Kräuter kann man auf drei verschiedene Arten vermehren.

Absenken
Dies ist die einfachste Vermehrungsart. Sie läßt sich jedoch besser mit Kräutern durchführen, die in Beeten wachsen, als mit Topfpflanzen. Gut dafür geeignet sind holzige Kräuter wie Minze, Majoran, Eberraute, Rosmarin, Salbei und Zitronenminze. Einen kräftigen, dicht am Boden wachsenden Trieb schneiden Sie von der Unterseite schräg nach oben zur Hälfte ein. Die Schnittstelle wird mit Wachstumspräparat (Hormone) behandelt. Dann biegt man den Zweig nach unten und gräbt ihn ein, so daß nur die Blätter am Ende aus der Erde herausragen. Der abgesenkte Trieb wird mit einem V-förmigen Stück Gartendraht verankert. Nach mehreren Wochen haben sich an der Schnittstelle Wurzeln gebildet, und die neue Pflanze kann vorsichtig ausgegraben werden.

Teilen des Wurzelstocks
Diese Vermehrung sollte man in der Ruhezeit und bei frostfreiem Wetter vornehmen. Die Pflanze wird vorsichtig ausgegraben und zu mehreren Teilstücken auseinandergezogen.

Stecklinge schneiden
Von ungefähr 10 cm langen, gesunden Seitensprossen des Haupttriebs entfernt man die unteren Blätter, taucht die Sprossen in Wasser, dann in Hormonpulver und pflanzt sie in feuchten Kompost oder Sand. Die Stecklinge haben nach mehreren Wochen Wurzeln.

Hopfen

*W*ilder Hopfen (Humulus lupulus) ist eine winterharte Kletterpflanze. Seine Triebe legen sich um Sträucher und Bäume. Kultiviert eignet er sich zur Begrünung von Zäunen, Lauben und Pergolen. Er braucht Sonne und nährstoffreiche Erde.

Die gelblichgrünen, zapfenähnlichen Blüten der weiblichen Pflanze sind mit drüsigen Schuppen besetzt, die abgeschüttelt das Hopfenmehl ergeben, das seit dem Mittelalter zur Bierherstellung verwendet wird. Die jungen Triebe können wie Spargel zubereitet werden.

Hopfen hat eine leicht beruhigende Wirkung. Ein Aufguß von getrocknetem Hopfen ist ein guter Schlaftee. Die getrockneten Blüten kann man auch als Appetitanreger an andere Tees geben.

November

15

16

Hopfensaft wurde früher zur Blutreinigung getrunken.

17

18

Aus Hopfenblättern und -blüten läßt sich ein natürlicher brauner Farbstoff herstellen.

19

20

21

Hähnchenbrüste spanisch pikant

Ergibt 6 Portionen

Eine Gewürzmischung mit Koriander verleiht dem Geflügelfleisch ein echt spanisches Aroma. Tragen Sie wegen des Chilis bei der Zubereitung Gummihandschuhe, um Hautreizungen zu vermeiden.

6 entbeinte Hähnchenbrüste
Abgeriebenes und Saft einer Limone
2 El Olivenöl
Grob gemahlener schwarzer Pfeffer
6 El Senfkörner
2 Tl Paprika
4 reife Tomaten
2 Schalotten, gehackt
1 Knoblauchzehe, zerdrückt
½ Chilischote, entkernt und gehackt
1 Tl Weinessig
1 Prise Salz
2 El frischer gehackter Koriander
Korianderblätter zum Garnieren

1 Hähnchenbrüste mit Limonenschale, -saft, Öl, Senfkörnern, Pfeffer und Paprika 1 Stunde marinieren. Gelegentlich wenden.

2 Tomaten 5 Sekunden in kochendes Wasser tauchen, kalt abschrecken und schälen, vierteln und entkernen.

3 Tomaten, Schalotten, Knoblauch, Chili, Essig und Salz in einem Mixer grob zerkleinern. Koriander untermischen.

4 Hähnchenbrüste mit der Haut nach oben auf eine Grillpfanne legen. Marinade zurückbehalten. 7 bis 10 Minuten grillen, dabei häufig mit Marinade bestreichen. Anschließend das Fleisch wenden und auf der anderen Seite ebenso garen. Nach dem Grillen salzen.

5 Fleisch mit Korianderblüten garniert und einem Löffel Barbecuesauce servieren.

Der englische König Heinrich VII. erließ ein Hopfenverbot für Bier, weil das angeblich »schlimme Kraut« den Geschmack des Getränks verdirbt und den Menschen schadet«.

Hopfenspargel

Legen Sie eine Handvoll junger Hopfentriebe eine Weile in kaltes, kräftig gesalzenes Wasser. Abgießen und in einen Topf mit kochendem Wasser geben, so daß die Triebe eben bedeckt sind. Nach dem Weichkochen abgießen, salzen, pfeffern und in Butter schwenken.

Praktisch ist ein frischer Kräuterstrauß in der Küche mit Kräutern zum Würzen, für Tees und Arzneien. Der abgebildete Strauß enthält Zitronenmelisse, Purpursalbei, verschiedene Minzen, Mutterkraut, Lavendel und Ringelblume.

Duftendes Kaminfeuer

Werfen Sie die abgestreiften Stiele von getrockneten Blumen oder Kräutern wie Rosmarin, Lavendel, Zitronenverbene und Thymian nicht weg. Man kann sie bündeln und auf das Kaminfeuer legen, wo sie in der Hitze noch einmal ihren Duft entfalten.

Winterbohnen-
kraut

Winterbohnenkraut (Satureja montana) ist eine immergrüne Staude aus Südeuropa, die jedoch auch bei uns an einem sonnigen Platz in gut dränierter Erde gedeiht. Es hat größere Blätter als das Sommerbohnenkraut und wächst weniger breit. Es wird bis zu 30 cm hoch, hat mattgrüne Blätter und im Spätsommer zartrosa Blüten. Hohe Pflanzen sollten im Frühjahr bis auf die holzigen Teile zurückgeschnitten werden.

Winterbohnenkraut wird bei Fleischgerichten verwendet und verleiht Kräutermischungen einen scharfen, würzigen Geschmack. Die fein gehackten Blätter kann man mit Butter vermischen.

Für medizinische Zwecke wird das Winterbohnenkraut selten verwendet.

November

22

Winterbohnenkraut wehrt Insekten ab und ist deshalb in Nähe des Hauses sehr nützlich.

23

24

25

26

«Willst du ein Leben lang glücklich sein, dann werde Gärtner!»
Chinesischer Spruch

27

28

Badeöle

Badeöle machen hartes Wasser weich, so daß sich Ihre Haut nach dem Baden nicht trocken anfühlt. Sammeln Sie alte Parfümflaschen mit Glasstöpseln, um die verschiedenen Öle in Ihrem Badezimmer aufzustellen.

Kräuterbadeöle kann man auf zweierlei Arten zubereiten:

1 Mischen Sie Mandel- oder Aprikosenkernöl mit einigen Tropfen eines ätherischen Öls von Lavendel, Minze, Thymian oder Rosmarin in einer Flasche. Von dem duftenden Badeöl geben Sie einige Tropfen in das einlaufende Badewasser.

2 Zweige von blühenden Kräutern wie Lavendel oder Rosmarin in Mandel- oder Aprikosenkernöl mehrere Wochen an einem warmen Ort ziehen lassen. Flaschen täglich schütteln. Von dem abgeseihten Öl einige Löffel voll an das Badewasser geben.

Schweizer Schichtkäse

Ergibt 4 Portionen

Servieren Sie dieses schmackhafte Gericht als Vorspeise.

120 g geriebener Emmentaler
1 El frischer gehackter Borretsch
4 Eier
Salz, frisch gemahlener schwarzer Pfeffer
120 g geriebener Gruyère
2 Tl frisches gehacktes Bohnenkraut
30 g Cracker, in kleinen Stücken

1 Emmentaler und Borretsch mischen und auf 4 Förmchen verteilen.

2 In jedes Förmchen ein aufgeschlagenes Ei geben und würzen.

3 Gruyère mit Bohnenkraut über das Ei streuen. Mit Chips belegen.

4 Förmchen kreisförmig in die Mikrowelle stellen. 3 bis 5 Minuten auf niedrigster Stufe erhitzen, bis der Käse geschmolzen ist und die Eier fest sind.

Eisenkraut

Eisenkraut (Verbena officinalis) *ist ein mehrjähriges Kraut mit spärlich belaubten, aufrechten Zweigen und blaßlila Blüten. Es wird 30 bis 100 cm hoch und bevorzugt eine geschützte Lage. Man sieht es häufig an Wegrändern und Weiden.

Eisenkraut ist geruchlos und hat einen leicht bitteren Geschmack. Es wurde vielfach in der Medizin verwendet zur Behandlung von Brustfellentzündung, Geschwüren, verschiedenen Magen-, Leber- und Nierenleiden, in Form von Umschlägen bei Kopfschmerzen und Rheuma sowie als allgemeines Stärkungsmittel.

Eisenkraut besitzt angeblich zauberische und aphrodisische Eigenschaften.

November

29

Nach der Legende war es Eisenkraut, mit dem Anhänger Christi auf dem Kalvarienberg versuchten, das Blut des Gekreuzigten zu stillen.

30

Römische Soldaten trugen Eisenkraut bei sich, weil es sie in der Schlacht beschützen sollte.

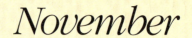

Beginnen Sie früh mit Ihren Weihnachtsvorbereitungen. Mit diesen hübschen, mit Lavendel gefüllten Tauben können Sie Ihren Christbaum schmücken oder Ihren Lieben und Freunden ein duftendes Geschenk machen.

Weihnachtstaube

Diese kleine, mit Lavendel gefüllte Taube kann als Baumschmuck verwendet werden. In der Wärme des Zimmers wird sie ihren Duft entwickeln. Sie können sie aus traditionellem rot-grünen Stoff oder eleganteren weißen, goldenen oder silbernen Stoffen machen.

Sie brauchen:

Stoffreste
2 x 25 cm Band
Kunstfaserwatte
2 Ziermünzen
2 Glöckchen
Getrockneten Lavendel

Jedes Quadrat repräsentiert 1 cm²
Körper 2 x zuschneiden
(Vergessen Sie nicht, die Vorlage umzudrehen)
Schwanz 2 x zuschneiden
Nahtzugabe ½ cm

1 Schablone übertragen. Stoff für den Vogelkörper einmal zuschneiden, dann Schablone umdrehen und das zweite Stück für den Körper zuschneiden. Schwanzteil doppelt zuschneiden.

2 Körper rechts auf rechts stecken. Das Band zum Aufhängen am oberen Rand anbringen, so daß die Enden mitgenäht werden. Band für die Glöckchen ebenso an der Unterseite befestigen, daß die Enden herabhängen.

3 Körperteile sorgfältig zusammennähen. Am Schwanzende offen lassen. Nahtkanten etwas zurückschneiden. Den Körper mit Watte und getrocknetem Lavendel füllen.

4 Für den Schwanz Stoffteile rechts auf rechts stecken. An 3 Seiten zusammennähen. Wenden, ausstopfen und 4. Seite zunähen.

5 Schwanz an den Körper nähen. Ziermünzen für die Augen annähen. An den unteren Bändern die Glöckchen befestigen.

Kräuter streuen

Der Brauch, Kräuter zu streuen, wurde im Mittelalter populär. Es gab ihn aber auch schon bei den Römern. Man bestreute die Fußböden in den Häusern mit aromatischen Kräutern aus mehreren Gründen, vor allem um die Luft in den muffigen Räumen zu verbessern und die Gerüche der allgemein schlechten Hygiene zu überdecken. Es gab kein fließendes Wasser, und die Ställe befanden sich oft in unmittelbarer Nähe des Wohnhauses. Man verwendete Kräuter wie Salbei, Mädesüß, Marienkraut, Basilikum, Lavendel, Ysop und Rosenblätter.

Bei einem römischen Gelage wurden einmal so viele Rosenblätter auf die Gäste gestreut, daß einige darunter erstickten.

Dezember

Opalbasilikum

Opalbasilikum (Ocimum basilicum «Purpurascens»), *auch als Purpurbasilikum bekannt, ist eine Varietät des üblicheren grünen Basilikums. Mit seinen dunklen purpurfarbenen Blättern, Stielen und Blüten ist es eine dekorative Gartenpflanze. Es ist frostempfindlich wie alle Basilienkräuter, braucht einen sonnigen, geschützten Platz und feuchte, nährstoffreiche Erde.*

Das kleine, buschig wachsende Opalbasilikum hat dasselbe nelkenartige Aroma wie grünes Basilikum und eignet sich ideal für Pflanzgefäße. Wenn Sie die Triebspitzen stutzen, wird es besonders buschig.

Sein Öl wird kommerziell gewonnen und in der Parfümindustrie verwendet.

Das Liebeskräutlein

*I*n manchen Gegenden Italiens ist Basilikum ein Zeichen der Liebe. Unverheiratete Mädchen stellen einen Basilikumtopf auf ihr Fensterbrett oder neben die Haustür, um anzuzeigen, daß sie nicht «versprochen» sind und einen Freier begrüßen würden.

Dezember

1

In Indien gilt Basilikum als heiliges Kraut der Götter Wischnu und Krischna und wird in Hindu-Haushalten sehr geschätzt.

2

3

4

Reisekrankheit kann man vorbeugen, indem man vor Antritt der Reise einen kalten Aufguß von Basilikumblättern trinkt.

5

6

7

Gegengift

Früher glaubte man, wenn man einen Basilikumzweig unter einen Blumentopf legte, würde er sich in einen Skorpion verwandeln. Vermutlich in Anlehnung an die homöopathische Ähnlichkeitsregel entstand der Aberglaube, ein Basilikumblatt auf einen Bienen- oder Wespenstich gelegt würde das Gift herausziehen. Bei einem Giftschlangenbiß wurden Basilikumsamen als Gegengift eingenommen und auf die Bißstelle gelegt.

Gemüsestreifen mit Kräutern

Ergibt 4 Portionen

Servieren Sie dieses Gericht zu gegrilltem Fleisch, Geflügel oder Fisch, eventuell auch mit etwas Parmesan bestreut.

2 große Zucchini ohne Blüte und Stiel
2 mittelgroße Karotten, geschält
1 große oder 2 kleinere Stangen Lauch, geputzt, halbiert und gewaschen
120 g Walnüsse
1 kleine Zwiebel, gehackt
2 El Petersilie, gehackt
1 El getrocknetes Basilikum
3 dl Olivenöl
Salz, frisch gemahlener schwarzer Pfeffer

1 Zucchini und Karotten in lange, dünne Streifen schneiden. Lauch in gleich lange Stücke, dann in Streifen schneiden.

2 Karottenstreifen in kochendem Wasser 3 bis 4 Minuten garen. Sie sollen noch etwas Biß haben. Abgießen. Mit kaltem Wasser abschrecken.

3 Die Zucchinistreifen getrennt 2 bis 3 Minuten kochen; während der letzten Kochminute die Lauchstreifen hinzufügen. Abgießen, abschrecken und mit den Karotten abtropfen lassen.

4 Nüsse, Zwiebeln, Petersilie und Basilikum im Mixer fein zerkleinern.

5 Von dem Öl heben Sie sich 3 El für später auf. Das übrige Öl bei laufender Maschine langsam an die Mischung geben, die eine mayonnaisenartige Konsistenz erhalten soll. Mit Salz und Pfeffer abschmecken.

6 Das übrige Öl in einer großen Pfanne erhitzen. Das Gemüse dazugeben und bei mäßiger Hitze schwenken, bis es richtig heiß ist. Salzen, pfeffern. Kräutersauce untermischen und sofort servieren.

Felsenysop

*F*elsenysop (Hyssopus officinalis) ist eine Abart des gewöhnlichen Ysop; er sieht etwas buschiger aus und ist nicht mit dem giftigen Heckenysop (Gnadenkraut) zu verwechseln. Der nur im südlichen Europa wild vorkommende Felsenysop blüht im Sommer rosa, blau und lila und eignet sich gut für Beeteinfassungen.

Der heilkräftige, mit Honig gesüßte Tee aus den getrockneten Blüten und Blättern wurde früher bei «einer schwachen Brust» verordnet: dreimal täglich ein Weinglas voll. Die grünen Spitzen in Suppe gekocht helfen bei Asthmaleiden.

Dezember

8

9

10

11

Rettiche und Radieschen gedeihen nicht, wenn sie zu nah an Ysop gepflanzt werden.

12

13

14

Reis mit gemischtem Gemüse und Krabben

Ergibt 4 Portionen

Dieses schnelle Gericht wird mit Poleiminze und Ysop gewürzt. Es ist ein vorzügliches Abendessen.

1 El Öl
½ rote Paprika, gewürfelt
½ grüne Paprika, gewürfelt
6 dl heiße Gemüsebrühe
250 g brauner Reis
200 g kleine Champignons, geviertelt
2 Tl frische gehackte Poleiminze
2 Tl frischer gehackter Ysop
Salz, frisch gemahlener schwarzer Pfeffer
150 g Krabben

1 Öl und Paprika in einer Kasserolle zugedeckt auf HOCH 3 bis 4 Minuten erhitzen, bis die Paprika anfangen, weich zu werden.

2 Brühe, Reis, Pilze, Kräuter, Salz und Pfeffer zugeben. Umrühren. Zugedeckt auf HOCH 25 bis 30 Minuten garen, bis die meiste Flüssigkeit aufgesogen ist.

3 Krabben unterrühren und bis zum Servieren 5 Minuten stehen lassen.

Himbeersaftgetränk

Dieser konzentrierte Himbeersaft wird mit Ysop gewürzt. Als Erfrischungsgetränk servieren Sie ihn mit Mineralwasser verdünnt und Eis.

In einem Topf 1 kg Himbeeren langsam unter Umrühren erhitzen, bis die Beeren saften. Nur kurz aufkochen lassen. Durch ein Nylonsieb gießen und vorsichtig so viel Saft wie möglich herauspressen. Den Saft in einem Topf mit 350 g Zucker, mehreren frischen Ysopzweiglein und dem Saft einer Zitrone unter ständigem Umrühren langsam erhitzen. Achten Sie darauf, daß sich der Zucker richtig auflöst und sich nicht am Topfboden festsetzt. Den Saft durchseihen, um die Kräuter zu entfernen. Nach dem Abkühlen in Flaschen füllen.

Lorbeer

Lorbeer (Laurus nobilis) *ist ein immergrüner Baum mit glänzenden grünen Blättern, olivgrüner oder roter Rinde und kleinen weißlichen Blüten, die von Juni an blühen. Er ist im Mittelmeergebiet zu Hause und dort weit verbreitet. Bei uns kann er an einem geschützten Ort und in nährstoffreicher, durchlässiger Erde bis zu 8 m hoch werden. Lorbeerbäume pflanzt man am besten in Kübeln, denn so können sie während des Winters ins Haus gebracht werden.*

Lorbeer gehört ins Bouquet garni, ebenso in Marinaden, Fischsud, Suppen und Eintöpfe. Verwenden Sie die Blätter ganz, weil das darin enthaltene Öl einen sehr kräftigen Geschmack hat, und entfernen Sie sie stets vor dem Servieren.

Dezember

15

16

Lorbeerblätter kann man langsam im Schatten trocknen.
Danach bewahrt man sie in fest verschlossenen Gläsern auf.

17

18

»O Lorbeerzweige!
Ihr wachst auf einem himmelnahen Gipfel,
zu dem ich nun schon zwanzig Jahre steige.«
Friedrich Rückert

19

20

»Ein sanfter Wind vom blauen Himmel weht,
die Myrte still und hoch der Lorbeer steht…«
Mignon
Johann Wolfgang von Goethe

21

Muscheln à la Grecque

Ergibt 4 Portionen

Kochen Sie dieses Gericht im Herbst und Winter, wenn es die besten Muscheln gibt. Die Schalen von frischen Muscheln müssen fest geschlossen und unversehrt sein. Alle Muscheln mit offenen oder gebrochenen Schalen muß man wegwerfen, ebenso solche, die nach dem Kochen geschlossen bleiben.

1,2 l Muscheln
1 Zwiebel, gehackt
1,2 dl Weißwein
Zitronensaft
2 El Olivenöl
1 Knoblauchzehe, zerdrückt
1 Schalotte oder 2 Frühlingszwiebeln, gehackt
700 g frische Tomaten, gehackt
1 Tl Fenchelsamen
1 Tl Koriandersamen
1 Tl getrockneter Oregano
1 Lorbeerblatt
1 El frisches Basilikum, gehackt
1 Prise Cayennepfeffer
Salz, frisch gemahlener schwarzer Pfeffer
Schwarze Oliven zum Garnieren

1 Muscheln waschen, abbürsten und aussortieren.

2 Muscheln in einem großen Topf mit Zwiebel, Wein und Zitronensaft zugedeckt kochen, bis sie sich öffnen. Jene, die sich nicht öffnen, wegwerfen.

3 Muscheln aus den Schalen nehmen. Kochflüssigkeit aufbewahren.

4 In einem Topf Knoblauch, Schalotte oder Frühlingszwiebeln in Olivenöl hellbraun anbraten.

5 Tomaten, Gewürze und Kräuter dazurühren, abschmecken und mit der zurückbehaltenen Flüssigkeit aufgießen. Bis zur Hälfte einkochen lassen. Lorbeerblatt herausnehmen.

6 In die abgekühlte Sauce die Muscheln geben. Kalt stellen. Mit schwarzen Oliven garnieren. Mit grünem Salat und Baguette servieren.

Der Ehrentitel »Poeta Laureatus«, den einige Länder an Dichter verleihen, geht auf einen Brauch der alten Griechen zurück, die ihre Dichter und Sänger mit Lorbeerkränzen schmückten.

Lorbeerbäume sind ideale Kübelpflanzen. Man schneidet sie regelmäßig zurück, um einen glatten Stamm und eine kugelige Laubkrone zu bekommen. Sie machen sich gut als Mittelstück eines architektonischen Kräutergartens oder neben einem eleganten Hauseingang.

Gartensalbei

Der Gartensalbei (Salvia officinalis) ist ein stark aromatischer immergrüner Halbstrauch, der bis zu 120 cm hoch werden kann. Er hat purpurfarbene Blüten, weiche grüne Blätter mit einer rauhen Oberfläche und gedeiht an sonnigen Plätzen auf fast jedem durchlässigen Boden.

Er ist die häufigste der grünen Sorten. Weitere grüne Varietäten sind der Goldsalbei, der Ananassalbei, der buntblättrige und der dreifarbige Salbei.

Gartensalbei wird viel in der italienischen Küche verwendet und gehört zu den Kräutern, mit denen Geflügelfüllungen gewürzt werden. Die Italiener glaubten, Salbei erhalte die Gesundheit. Auf dem Land ißt man ihn dort auf Butterbrot.

Dezember

22

Salbeitee reinigt nach altem Volksglauben das Blut.

23

24

25

26

27

In Jamaika trinkt man Salbeitee mit Zitronensaft.

28

Kräuterfüllung für Geflügel

Frische Kräuter sind ideal für Füllungen. Verwenden Sie zur Abwechslung verschiedene Kräuter wie Thymian, Petersilie, Rosmarin oder Salbei.

Füllung mit Salbei und Zwiebel

50 g Butter
1 Zwiebel, gehackt
75 g Semmelbrösel
3 El gehackter Salbei
Salz, frisch gemahlener schwarzer Pfeffer
1 Ei, geschlagen
4 Tl Milch

Zwiebel in Butter hellgelb anbraten. Vom Herd nehmen und Brösel, Salbei, Salz und Pfeffer einrühren. Ei und Milch dazugeben und gründlich vermischen. Diese Füllung paßt gut zu Schweinefleisch oder Ente.

Petersilienfüllung

50 g gekochter Reis
1 kleine Zwiebel, gehackt
50 g Rosinen
50 g Mandeln, abgezogen und gehackt
2 El gehackte Petersilie
30 g Butter, geschmolzen
1 Ei, geschlagen

Alle Zutaten in einer Schüssel vermischen und abschmecken. Verwenden Sie diese Füllung für Geflügel, Fisch oder Fleisch.

Weihnachtsgeschenke

Bereiten Sie noch ein paar Geschenke vor für unerwartete Gäste. Dazu eignen sich hübsch verpackte Potpourris aus den Blüten und Blättern, die Sie im Lauf des Jahres getrocknet haben, sowie duftende Badeöle und Kräutersäckchen. Zur Begrüßung können Sie Ihren Holunderblüten-Champagner öffnen.

Gartenbibernell

Gartenbibernell (Sanguisorba minor) *ist eine winterharte Staude. Er wird 30 bis 50 cm hoch, hat hellgrüne, gezähnte Blättchen und kleine rote Blüten, die den ganzen Sommer blühen. Ursprünglich in der Mittelmeerregion beheimatet, gedeiht er auf magerem Boden bei Sonne und Halbschatten.*

Die Blätter sollten regelmäßig geerntet und die Blütenstiele entfernt werden, um das Wachstum junger Blätter anzuregen. Die Blätter schmecken nach Gurke und können an Salate, Rohkost, Obstsäfte und Bowlen gegeben werden.

Ein Aufguß der Blätter ist ein gutes Adstringens.

Dezember

29

Mit einem Aufguß aus Bibernellblättern behandelte man
verschiedene Beschwerden wie Gicht und Rheumatismus.

30

Mit den Blättern der Bibernelle oder des Kleinen Wiesenknopfs,
wie der Gartenbibernell auch heißt,
würzte man Rotwein und andere Getränke.

31

Pasta mit frischer Tomaten-Basilikum-Sauce

Ergibt 6 Portionen

Nudeln lassen sich mit geringem Aufwand in großen Mengen auf den Tisch bringen und eignen sich daher ideal, wenn Sie an Silvester das Haus voll hungriger Gäste haben. Die Sauce können Sie im voraus zubereiten und einfrieren. Mit gutem Rotwein servieren.

1 kleine Zwiebel, fein gehackt
500 g frische Tomaten
2 Tl Tomatenmark
Abgeriebenes und Saft einer Orange
2 Knoblauchzehen, zerdrückt
Salz, frisch gemahlener schwarzer Pfeffer
1,5 dl Rotwein
1,5 dl Hühnerbrühe
2 El grob gehacktes Basilikum
350 g Vollkornnudeln

1 Tomaten 30 Sekunden in kochendes Wasser legen, herausnehmen und schälen.

2 Tomaten vierteln, entkernen, hacken und mit der Zwiebel und dem Tomatenmark in einen großen Topf geben.

3 Bei mäßiger Hitze und unter Umrühren erhitzen, bis die Tomaten zu saften beginnen.

4 Orangenschale und Saft sowie alle übrigen Zutaten bis auf die Nudeln dazugeben und kochen, bis die Gemüse weich sind und die Sauce eingekocht ist.

5 Während die Sauce köchelt, geben Sie die Nudeln in einen Topf mit reichlich kochendem Wasser. Salzen. Die Nudeln 10 bis 15 Minuten al dente garen.

6 Nudeln abgießen und mit der heißen Sauce vermischen. Sofort servieren.

Schmücken Sie das Haus für die Silvesterfeier mit Kränzen und Girlanden. Auf undekorierten Strohkränzen und Girlanden befestigen Sie mit Blumendraht Stechpalme, Lorbeer, Rosmarin oder was immer Ihr Garten an grünem Laub hergibt. Dazwischen stecken Sie duftende Sträußchen aus getrocknetem Lavendel oder getrockneten Rosen, die mit zunehmender Wärme im Haus ihren Duft entfalten werden. Zwischenräume füllen Sie mit kleinen Schleifen.

Bibernellessig

Ein großes Einmachglas halb mit frischen Bibernellblättern füllen und mit Rotweinessig auffüllen. Nach mehreren Wochen abseihen und zu passenden Gerichten verwenden.

Register

Ananasminze 116
Apfelkompott mit Sommerbohnen-
    kraut 79
Apfelminze 62

Barockkräutergärten 129
Basilikum 64
Beinwell 110
Bibernell 154
Bibernellessig 155
Blumenkranz 119
Borretsch 16
Borretsch-Gesichtsmaske 17
Bouquets garnis 87

Dill 124
Dillsauce 125
Duftendes Briefpapier 127
Duftendes Kaminfeuer 139
Duftender Kleiderbügel 103
Duftkissen 69
Duftkissen für Schubladen 77

Eberraute 122
Eingelegte Kapuzinerkresse 71
Eingelegte Zitronen mit Rosmarin und
    Lorbeer 57
Eisenkraut 142
Engelwurz 28
Erbsensuppe mit Minze 23
Estragon 106
Estragon und Zitronenkarotten 107
Estragonsenf 107

Färben mit Kräutern 25
Felsenysop 148
Fenchel 130
Fencheltee 131

Forelle mit Liebstöckel und Joghurt-
    sauce 75
Forelle mit Schnittlauchsauce 67
Forelle Müllerin mit Kräutern 51

Garnelen in Melone 63
Gartensalbei 152
Geflügelleberpastete mit Petersilie und
    Koriander 117
Geflügelsalat mit Avocado 107
Gegrillte Heringe mit Dill 125
Gemischter Kräutertee 83
Gemüsestreifen mit Kräutern 147
Gesichtsdampfbad mit Salbei und
    Pfefferminze 105
Gesichtsmaske mit Minze und
    Zitrone 127
Gesichtswasser mit Apfelessig und
    Minze 105

Goldmutterkraut 136
Grüne Minze 68
Guajaven-Minzen-Sorbet 81

Hackfleischsauce mit Kräuter-
    klößen 123
Hähnchenbrüste mit «gebrannten»
    Paprika und Koriander 113
Hähnchenbrüste spanisch pikant 139
Heißer Tomatensalat 93
Herbes de Provence 123
Himbeersaftgetränk 149
Holunder 134
Holunderblüten-Champagner 135
Honig-Holunder-Reiniger 135
Hopfen 138
Hopfenspargel 139

Indianernessel 44
Ingwerminze 54
Italienische Strohblume 128

Käsebällchen mit Kräutern 91
Kamille 24
Kamillendampfbad 25
Kamillentee 24
Kandierte Engelwurz 29
Kapuzinerkresse 70
Karten mit gepreßten
    Kräutern 47
Kartoffeln, neue, mit Käse und
    Sommerbohnenkraut 79
Katzenminze 102
Kerbel 50
Kerbel-Käse-Aufstrich 51

Koriander 112
Kräuterbadeöle 141
Kräuterbriefchen 111
Kräuterbutter 35
Kräutercroûtons 23
Kräutereisschale 17
Kräutereiswürfel 69
Kräuteressige 131
Kräuterfüllungen 153
Kräutergelees 19
Kräuterkäse 99
Kräuterkörbchen 117
Kräuterkosmetik 105
Kräuterkranz, frischer 69
Kräuteröle 99
Kräuter-Potpourris 55
Kräutersäckchen für das Bad 115
Kräutersauce 35
Kräuterseifen 38
Kräutersenf 91
Kräutersträußchen 81
Kräuter streuen 143
Kräuter vermehren 137

Lamm pikant 41
Lamm, sautiert, mit Fenchel und
    Orange 131
Lavendel 94
Lavendelduftkissen 95
Lavendelflaschen 59

Lavendelseife 39
Lavendel-und-Rosen-Kranz 59
Lavendelwasser 111
Lavendelzucker 95
Liebstöckel 74
Lorbeer 150

Majoran 20
Mint Juleps 55
Minzenfußbad 63
Minzsauce 63
Muscheln à la Grecque 151
Mutterkraut 98

Nagelfestiger 124

Opalbasilikum 146
Orangen mit Honig und Minze 119
Orangen mit Zitronenmelisse 89

Paprikawürzgemüse 31
Pasta mit frischer Tomaten-Basilikum-
    Sauce 155
Pestosauce 65
Petersilie, glatte 90
Petersilie, krause 52
Petersilienmayonnaise 53
Petersiliensauce 53
Pfannengemüse mit Kräutern 31
Pfefferminze 18
Pfefferminz-Gesichtsmaske 105
Pfefferminztee 18
Pilaw mit Kräutern 101
Pizza 21
Poleiminze 22
Poleiminzen-Potpourri 22
Potpourri-Geschenke 135
Potpourri-Kissen 83
Puffbohnen à la Provence 123
Purpursalbei 32

Rainfarn 76
Rauke 34
Reinigende Joghurt-Fenchel-Lotion 131
Reis mit Gemüsen und Krabben 149
Rhabarber mit Rainfarn 77
Ringelblume 82
Ringelblumen-Handöl 105
Ringelblumenseife 39
Römischer Ampfer 86
Rosmarin 40
Rosmarin-Haarspülung 41

Salade de Légumes 57
Salbei-Melissen-Tee 89
Sauerampfer 38
Sauerampfersauce 39
Scampi nach Art der Provence 43
Schafgarbe 46
Schafgarben-Gesichtsreiniger 47
Schafskäse in Öl 99
Schlafkissen 29
Schnittlauch 92
Schwarze Minze 126
Schweizer Schichtkäse 141
Schwertfisch-Kebab 21
Schwimmende Kerzen 71
Seebarbe mit Pilzen und Kräutersauce
    33
Seifenkraut 118
Silberthymian 100
Sommerbohnenkraut 78
Sommerstrohhut 101
Spülung für aufgesprungene Hände 131

Teegebäck mit Käse und Kräutern 53
Thymian 42
Tomaten-Orangen-Salat 65
Trauben-Monarda-Sülze 45

Waldmeister 30
Waterzoi 87
Weihnachtstaube 143
Weißer Lavendel 58
Winterbohnenkraut 140

Ysop 114

Zitronenmelisse 88
Zitronenminze 80
Zitronen-Schnittlauch-Butter 93
Zitronenthymian 56
Zitronenverbene 104
Zitronenverbenentee 105
Zucchini in Tomaten-Monarda-Sauce 45
Zucchini-Pfefferminz-Suppe 19
Zwiebelschnittlauch 66